KLEINE AUSZEITEN AM -BODENSEE-

KLEINE AUSZEITEN AM

BODENSEE

MARION LANDWEHR

WOCHENEND & WOHNMOBIL

CAMPING- & STELLPLÄTZE · HIGHLIGHTS · AKTIVITÄTEN

BRUCKMANN

INHALT

Der größte Binnensee Deutschlands ist durch und durch meaiterran.

BODENSEE UND VIERLÄNDERREGION

Das Schwäbische Meer mit toskanischem Flair

Idylle pur – im Vordergrund der Bodensee, dahinter das Alpenpanorama

Der Bodensee ist eines der beliebtesten Urlaubsziele Deutschlands, was vor allem an der Vielfältigkeit der Region liegt. Dank der Lage mit Seeufern in drei verschiedenen Ländern und den Alpen im Hintergrund kommen Freunde des Wassersports, Badefans, Wanderer, Radfahrer und Naturfreunde gleichermaßen auf ihre Kosten.

Los geht es am westlichen Zipfel mit dem Untersee als besonders schöne Bodensee-Ecke und dem Hegau, das ist eine Vulkan- und Burgenlandschaft. Am Untersee liegen die Städte Radolfzell mit den verwinkelten Altstadtgassen und das lebendige, mediterrane Konstanz mit zahlreichen Sehenswürdigkeiten. Weiter geht es mit dem Überlinger See, der auch als »Finger des Bodensees« bezeichnet wird. Die Hauptattraktion des Überlinger Sees ist die berühmte Blumeninsel Mainau. Aber auch die legendären Pfahlbauten von Uhldingen-Mühlhofen, ein Freiluftmuseum mit rekonstruierten Pfahlbauten aus der Stein- und Bronzezeit, sind ein Kultur-Highlight am Bodensee.
Aktive Städte wie Meersburg mit der traumhaft schönen Burg und Friedrichshafen, bekannt für den berühmten Zeppelin, historische Bauten und jede Menge Wasserspaß bietet der Obersee. Am Obersee befindet sich auch Lindau, einer der entzückendsten Orte am Bodensee mit der historischen Altstadt und dem malerischen Hafen auf einer Insel.
Am südöstlichen Ende des Bodensees liegt Vorarlberg als Vertreter des österreichischen Anrainerstaates. Mit der Landeshauptstadt Bregenz und der bergigen Landschaft sind hier viele unterschiedliche Freizeitaktivitäten geboten. Nahtlos schließt die Ostschweiz an, die das gesamte südliche Bodenseeufer abdeckt. Perlen wie das charmante Städtchen Stein am Rhein mit seinen engen Altstadtgässchen oder der naturgewaltige Rheinfall in Schaffhausen sind nur zwei der zahlreichen Attraktionen. Der Bodensee wird Vierländerregion genannt, wobei nur die drei Länder Deutschland, Österreich und die Schweiz direkt an den See grenzen. Zu den vier Ländern wird meist auch das Fürstentum Liechtenstein gezählt, das über kein Seeufer verfügt. Deshalb bleibt Liechtenstein in diesem Reiseführer auch außen vor. Von den 280 Kilometern Uferlänge liegen rund 170 Kilometer in Deutschland in den beiden Bundesländern Baden-Württemberg und Bayern. Auf Österreich und die Schweiz entfallen die restlichen gut 100 Kilometer.

KURZURLAUBTAUGLICH

Zwar kann man am Bodensee mit seinen Zielen rundherum und auch denen in der weiteren Umgebung durchaus einen langen Urlaub verbringen – der Bodensee eignet sich jedoch gleichermaßen für einen Kurzurlaub beziehungsweise einen Wochenendtrip. Denn auch bei einem kürzeren Aufenthalt – oder eigentlich gerade dann! – kann man viel erleben am Schwäbischen Meer. Die Distanzen zwischen den Orten und den Ausflugszielen sind kurz – und sollten Sie einmal um den See herumführen. Strategisch günstige Fährverbindungen stellen zudem sicher, dass die Fahrt von Ort zu Ort nicht lange dauert und vor allem eine zusätzliche Attraktion ist, nämlich die, den Bodensee auf dem Wasserweg zu überqueren.

Das heißt, hat man für das Wohnmobil einen Standort gewählt, ist in alle Himmelsrichtungen so ziemlich alles erreichbar, ohne dass man dafür stundenlang unterwegs sein müsste. Wobei meist schon die Fahrten am Seeufer entlang ein Erlebnis sind. Und man hat die Qual der Wahl zwischen Planschen, Sonnenbaden und Relaxen in einem der schönen Strandbäder oder einer sportlichen Betätigung zu Wasser oder zu Land, einem Kurztrip in die Bergwelt, einer entspannenden Bootsfahrt oder der Besichtigung einer der schönen Schlösser und Burgen. Zu tun gibt es genug, erreichbar ist alles gut, und Stell- und Campingplätze sind ebenfalls ausreichend vorhanden.

Das ist Dolce Vita: mit dem Schlauchboot treiben und die Seele baumeln lassen.

◀ Wandern am Ufer des Bodensees …

▶ … auf zahlreichen Wanderwegen.

Und wem das noch nicht reicht, der darf sich an den zahlreichen Veranstaltungen freuen, die das ganze Jahr über rund um den See stattfinden. Eine besondere Attraktion ist das Seenachtfest in Konstanz, das jährlich im August Tausende Besucher in die Konzilstadt lockt. Und stimmungsvolle Weihnachtsmärkte vor Seekulisse verwandeln die Städte am Bodensee in der Adventszeit in eine Märchenwelt.

Ausnahmezustand herrscht zur Faschingszeit, die am Bodensee »Fasnet« heißt. Am »Schmotzge Dunnschtig«, dem Schmutzigen Donnerstag, sind alle außer Rand und Band. Von frühmorgens an sind die Narren auf den Beinen, und es herrscht eine ausgelassene Stimmung mit Umzügen, zahlreichen Veranstaltungen und Ständen in den Innenstädten.

ELDORADO FÜR WOHNMOBILREISENDE

Das Netz an Plätzen ist vor allem an der deutschen Seeseite hervorragend. In den meisten Orten kann man zwischen Stell- und Campingplatz wählen, zwischen einem gut ausgestatteten Platz mit viel Infrastruktur oder einem einfachen und/oder naturnahen und zwischen einem Platz in der Stadt oder direkt am Seeufer. Selbst in der Hochsaison befindet sich in kurzer Distanz der nächste Platz, wenn der angesteuerte belegt ist.

Ein wenig anders sieht das in und rund um Bregenz sowie am Schweizer Bodenseeufer aus. Stellplätze gibt es hier so nur wenige. Rund um die Städte Rorschach und Romanshorn gibt es überhaupt keine, zwischen Kreuzlingen und Schaffhausen bessert sich die Lage ein wenig. Hinzu kommt, dass es zwischen Bregenz und Kreuzlingen auch wenig Campingplätze gibt. Die vorhandenen sind zudem mit Dauercampern befüllt, sodass wenig Touristenplätze übrigbleiben. Für die raren Plätze empfiehlt sich eine Reservierung. Rund um Rorschach/Romanshorn wurde mangels Masse pro Ziel nur ein Platz beschrieben, wobei man jeweils den des nächsten Zieles aufgrund der Nähe ebenso gut nutzen kann.

In Hanglage werden die Bodenseetrauben von der Sonne verwöhnt.

Haben die Plätze eine direkte Bodenseelage, sind sie oft auch ausgestattet mit Wassersportangeboten. Sei es die Möglichkeit, ein Kajak oder Standup-Paddleboard zu mieten oder sei es eine am Platz ansässige Surf- oder Segelschule, man kann sich auf alle Fälle beim Wassersport austoben. Ansonsten sind die in der Natur oder am Stadtrand gelegenen Plätze oft auch Ausgangspunkt zahlreicher Wander- und Radwege.
Die meisten Plätze, die direkt am Wasser liegen und oft einen eigenen Seezugang haben, bieten auch Stellplätze nah am Wasser. Im Vorfeld sollte man sich beim Platz seiner Wahl erkundigen, ob es Stellplätze am Wasser gibt und ob man diese reservieren kann. Erfahrungsgemäß sind es die Touristenplätze, die in Wassernähe liegen, nicht die für Dauercamper.

DER OBSTGARTEN DEUTSCHLANDS

Obst direkt vom Erzeuger, Stände am Straßenrand und in den kleinen Ortschaften mit den berühmten Bodenseeäpfeln, Kirschen, Pflaumen, selbst gemachten Marmeladen und frisch gebackenem Brot – das hier ist das Schlaraffenland. 1200 Obstbauern bauen auf 7000 Hektar Äpfel an. Eine solche Sortenvielfalt an Äpfeln ist in Europa einmalig. Das Geheimnis liegt im Zusammenspiel von Frühnebel und warmer Spätsommersonne mit kühlen Nächten – und natürlich trägt auch das ausgewogene Klima des Gebietes nördlich der Alpen nachdrücklich zum feinen Aroma der Früchte bei. Außerdem haben Birnen, Steinobst, Erdbeeren und andere Beerenfrüchte nie einen weiten Weg hinter sich, wenn sie an den ansprechend aufgemachten Obstständen oder in den zahlreichen Öko- und Bio-Hofläden angeboten werden.

EINZIGARTIG: DER BODENSEEWEIN

Nicht weniger lecker als das frische Obst der Region ist der Bodenseewein. Ein gekühltes Glas Weißwein mit dem typischen Bodenseefisch Felchen, das Ganze eingenommen im Außenbereich eines Restaurants direkt am See – das ist Dolce Vita. Das mediterrane Klima ist verantwortlich für den exquisiten Geschmack des Weines, der hier angebaut wird. Tags und nachts herrschen ausgeglichene Temperaturen, und die Hanglagen ermöglichen den Trauben eine perfekte Sonneneinstrahlung.

Mit einer Gesamtfläche von 400 Hektar ist die Bodenseeregion eines der kleinsten Weinanbaugebiete in Baden. Aufgrund der Höhenlage zwischen 400 und 530 Metern über dem Meeresspiegel ist Weinbau hier überhaupt möglich. Die Reben gedeihen prächtig, weil das Binnengewässer als Wärmespeicher fungiert, der in der kälteren Jahreszeit die im Sommer gespeicherte Wärme langsam abgibt.

Die für den Bodensee typischen Rebsorten sind als Weißwein der Müller-Thurgau und als Rotwein der Spätburgunder. Letzterer zählt zu den ältesten noch angebauten Reben am Bodensee. Ansonsten ergänzen Grau- und Weißburgunder sowie Kerner und Silvaner als Weißweinsorten und Regent sowie Frühburgunder bei den Rotweinen das Sortiment der Bodenseeweine.

In Ortschaften und entlang der Landstraßen kann man das leckere Obst kaufen.

WASSERSPORT AM BODENSEE

Egal, ob man bereits Erfahrung hat oder zum ersten Mal auf einem Surfbrett steht – der Bodensee ist eine herrliche Location für Wind- und Kitesurfen. Es gibt einige Surfschulen am See, bei denen man diesen Sport erlernen und zugleich die richtige Ausrüstung dafür ausleihen kann. Der Wind lässt zwar manchmal auf sich warten, aber wenn er dann da ist, macht Wundsurfen riesigen Spaß. Kitesurfen ist am Bodensee nur mit Sondergenehmigung und an bestimmten Spots erlaubt, zum Beispiel beim Campingplatz Sandseele (Insel Reichenau), am Klausenhorn Dingelsdorf, am Strandbad Ludwigshafen und am Seegarten Allensbach. Die kostenpflichtige Genehmigung erhält man beim Schifffahrtsamt unter bestimmten Auflagen.

Rasant geht es zu beim Wasserskifahren oder beim Wakeboarden. Entweder von einem Motorboot oder einem Lift gezogen, brettert man mit Vollgas über den See. Anfänger sind zu Beginn meist im, statt auf dem Wasser ...

Gemächlicher lässt sich das Schwäbische Meer per Kanu erkunden. Überall gibt es Mietstationen, bei denen man stundenweise oder auch für einen ganzen Tag Kanus ausleihen kann. Bei Anbietern wie dem Kanuzentrum La Canoa in Konstanz kann man auch geführte Kanutouren buchen.

Segeln ist ebenfalls eine beliebte Wassersportart, denn der Bodensee ist ideal dafür. In den Segelschulen rund um den Bodensee kann man den Segelschein in zahlreichen Segelschulen machen. Wer schon Erfahrung hat, kann selbst ein Boot chartern beziehungsweise ein scheinfreies Boot ausleihen.

◀ Fährverbindung über den See ▶ Bootfahren ist ein Ganzjahresvergnügen.

Ausflugsschiffe verkehren in alle Richtungen und zu allen Tageszeiten.

Schließlich gibt es eine Sache, die man unbedingt einmal ausprobieren sollte und zwar nicht nur, weil sie gerade im Trend liegt, sondern weil dieser Wassersport unaufwendig und an vielen Stellen möglich ist: Stand-up-Paddling, kurz SUP. Der anstrengende Balanceakt auf dem Board macht Spaß und ist für jeden machbar – man muss dafür keine Sportskanone sein, denn auch wenn es einfacher aussieht, als es ist, hat man nach kurzer Zeit den Dreh raus. Beim Camping Sandseele auf der Insel Reichenau (siehe Ziel 5) kann man ein Board ausleihen, besonders schön ist das zum Sonnenuntergang.

BADEN UND BOOTFAHREN

Man ist nicht am Bodensee gewesen, ohne einmal ein Strandbad besucht oder eine Schifffahrt unternommen zu haben. Im klaren, sauberen Wasser des Bodensees zu planschen, ist schon etwas Besonderes. Und ob naturbelassene Bucht, Frei- oder Strandbad, mit oder ohne Sprungturm, Wasserrutschen und Sportwiesen, mit oder ohne Badeaufsicht, Kiosk oder sonstiger Infrastruktur – für jeden Badetyp ist etwas dabei. Und zwar nie weit entfernt. Die Welt ist perfekt, wenn ein Campingplatz einen eigenen Seezugang mit Badestrand hat!

Eine der beliebtesten Aktivitäten ist das Erkunden der Region per Fahrrad.

Ein Bodenseestrandbad kann ganz einfach nur ein Badestrand am Seeufer sein oder auch eines, das mit allerhand kommerziellen Angeboten ausgestattet ist. Es kann auch ein Freibad sein mit Sport- und Kinderbecken und zusätzlich einen Seezugang aufweisen. Oft ist der Zugang zum Strandbad an feste Öffnungszeiten gebunden und stellt ein saisonales Angebot dar. Für Kinder sind die Strandbäder aufgrund ihres flach zum See hin abfallenden Strandes optimal. Das Wasser ist nicht sehr tief, und so können die Kleinen im Wasser planschen, spielen und vielleicht sogar erste Schwimmübungen absolvieren. An separat ausgewiesenen Strandabschnitten des Strandbades sind auch Hunde ausdrücklich erlaubt.

Der Bodensee hat eine Fläche von 536 Quadratkilometern. Das ist viel. Und ist super per Boot, Schiff oder Fähre erlebbar. Selbst ein Boot zu mieten und mit Kanu, Kajak, Ruderboot, Schlauchboot, Tretboot oder Motorboot den See in seiner ganzen Naturgewalt kennenzulernen, ist ein großer Spaß für jedes Alter. Die Bootsverleiher stellen hierfür alle Arten von Booten zur Verfügung – und sie sind zahlreich vorhanden, es ist kein Problem, an jedem erdenklichen Standort eine Bootsvermietung zu finden. Wer sich lieber gemütlich auf dem See herumkutschieren lassen möchte, kann dies an Bord einer der zahlreichen Unternehmen tun, die Schiff- und Ausflugsfahrten anbieten. Mit oder ohne thematischen Bezug, mit oder ohne Verpflegung, als einfache Hafenrundfahrt oder einmal quer oder längs über den See – auch hier gibt es keine Variante, die es nicht gibt.

Und stets im Hintergrund: das herrliche Alpenpanorama! Ganz originell geht es auch mit dem Solarboot, dem Dampfschiff oder dem Katamaran über den See.
Ebenso der Transport des eigenen Fahrzeuges ist kein Problem. Man muss nicht den ganzen See umrunden, um von Konstanz nach Meersburg zu gelangen – das geht ganz einfach mit der Autofähre, die Tag und Nacht verkehrt und auch das Wohnmobil problemlos mit an Bord nimmt. Eine weitere Fährverbindung bringt Fußgänger, Radfahrer und Wohnmobilisten von Friedrichshafen ins Schweizerische Romanshorn.

WANDERN UND RADFAHREN

Natürlich stehen zwei weitere Aktivitäten in der Bodenseeregion hoch im Kurs: Wandern und Radfahren. Ob Fernwanderweg, Themenweg oder eine Kombination zwischen Wandern und Schifffahrt – es ist für jede Wanderwade und jede Konstitution etwas dabei. Ein ausgedehntes Wanderwegenetz am Seeufer sowie im Hinterland bis hin zu den bergigen Regionen lädt zu Wanderungen in allen Längen und Schwierigkeitsgraden ein.
Dasselbe gilt für das Radwegenetz. Es muss nicht gleich der Bodensee-Radweg sein, der 260 Kilometer lang ist und entlang des Bodensees führt – er kann es aber sein, zumindest in Teilstrecken. Aber auch kürzere Radtouren, familientaugliche oder anspruchsvollere, zum Beispiel mit dem Mountainbike, sind möglich. Ein ausgedehntes Netz an Fahrradvermietungen ist vorhanden, bei den meisten kann man auch E-Bikes ausleihen.

BODENSEE TICKET

Mit dem Bodensee Ticket kann man grenzüberschreitend unbegrenzt Bahn, Bus und Fähre fahren. Das Ticket gibt es als Tageskarte oder 3-Tages-Pass und ist mit einer Fahrradmitnahme kombinierbar. Die Preise und Geltungsbereiche findet man unter www.bodensee-ticket.com. Die Bodensee Card PLUS berechtigt zum kostenfreien Besuch (fast) aller Ausflugsziele und Sehenswürdigkeiten rund um den Bodensee. Sie gilt an drei oder sieben frei wählbaren Tagen und beinhaltet auch die Kursschifffahrt sowie einige Klassiker wie das Pfahlbaumuseum Unteruhldingen oder den Affenberg Salem. Mehr zum Preissystem und den Geltungsbereichen unter www.bodensee.eu/de/was-erleben/bodensee-highlights.

CHARMANTER AUFTAKT AM UNTERSEE

Radolfzell und das Nordwestufer des Untersees

Rund um Radolfzell und an seinem schönen Uferbereich ist Genießen angesagt.

1

Dank der Lage zwischen Singen und Konstanz und direkt am Ufer des Untersees bietet Radolfzell – übrigens die einzige Stadt, die den Zusatz »am Bodensee« im Stadtnamen trägt – nicht nur eine gute Ausgangslage für Aktivitäten in alle Richtungen. Auch der Ort selbst ist abwechslungsreich und einladend.

In der schnuckeligen **Altstadt** des staatlich anerkannten Erholungsortes Radolfzell merkt man dem Ort die Große Kreisstadt kaum an – noch weniger, dass es die drittgrößte Stadt am Bodensee ist. Vielmehr herrscht in Radolfzell eine Atmosphäre der Sommerfrische, wofür natürlich auch das allseits präsente Seeufer verantwortlich ist. Von Radolfzell aus erreicht man schnell die Stadt Singen, unter anderem berühmt für die Burgruine, oder in die andere Richtung den beliebten Wildpark Allensbach.

RADOLFZELL AM BODENSEE

Die malerische **Altstadt** mit ihren engen Gässchen, den hübschen Läden und urtümlichen Restaurants stellt den Mittelpunkt von Radolfzell dar. Der Ort ist eine gelungene Mischung aus historischem Stadtkern und Moderne. Hier finden außerdem die regelmäßigen Wochen- oder Abendmärkte statt. Mittwochs und samstags bieten die Gemüsebauern von den Inseln Höri und Reichenau und aus dem Hegau ihre Waren an. Im Sommer (Ende Juni bis Mitte September) findet immer donnerstags von 16 bis 21 Uhr der Abendmarkt statt, bei dem es außer frischem Obst und Gemüse auch Kunsthandwerk und Unterhaltung gibt.
Am Marktplatz ist das imposante **Münster Unserer Lieben Frau Radolfzell** einen Besuch wert. Es wurde im Jahr 826 von Bischof Radolf von Verona erbaut. Die spätgotische Basilika, deren Grundstein 1436 gelegt wurde und die vermutlich eine spätromanische Basilika abgelöst hat, ist ein Wahrzeichen Radolfzells. Der Kirchturm des Münsters ist mit 82 Metern Höhe der höchste am Bodensee! Er ist an allen verkaufsoffenen Sonntagen und zu Veranstaltungen zugänglich.
Die Altstadt steht auch im Mittelpunkt einiger ganz besonderer Führungen. Empfehlenswert ist der amüsante Stadtspaziergang mit Pfarrköchin Anna, die die Gäste mit ins Jahr 1551 nimmt. Zeitgeschehen, Geschichte und Brauchtum spielen dabei eine große Rolle. Bei der Führung »Auf den

1

Spuren Radolfs« geht es durch die historische Altstadt mit Einkehr auf dem Abendmarkt. Der kulturhistorische Rundgang startet am Stadtmuseum und integriert die bedeutendsten historischen Gebäude Radolfzells. Veranstalter ist jeweils die Tourismus- und Stadtmarketing Radolfzell GmbH. Ebenfalls historisch geht es zu im **Stadtmuseum** in der alten Stadtapotheke. In den Räumlichkeiten einer Apotheke aus dem Jahr 1689 untergebracht, wird hier die Stadtgeschichte Radolfzells präsentiert, mysteriöse Fundstücke bereichern das Kuriositätenkabinett.

INMITTEN DER ALTSTADT kann man im urigen Restaurant Liesele leckere Hausmannskost nach Omas Rezepten essen. Die Speisen sind schmackhaft zubereitet und reichhaltig, bei gutem Wetter kann man vom Außenbereich aus dem Treiben in der Altstadt zusehen. Eine Reservierung ist vorteilhaft (www.liesele.de).

Eine Oase in einem Teil der historischen Altstadt und mitten im Zentrum von Radolfzell ist der **Stadtgarten**. Eine ganzjährige Blütenpracht erfreut die Besucher bei einem Spaziergang durch die liebevoll gestaltete Parkanlage. Besonders schmuck sieht in dieser Umgebung der weiße Musikpavillon im Zentrum des Gartens aus, der sich gegenüber dem Busbahnhof befindet (die Nähe hierzu hat dem Stadtgarten den Beinamen

◀ Gasthaus Liesele in der Altstadt ▶ Freilichtbühne im Konzertsegel

»Der schönste Wartesaal Deutschlands« eingebracht) und jederzeit frei zugänglich ist. Das Wohnmobil kann man am Parkplatz Weltkloster im Kapuzinerweg abstellen.

Wenden wir uns dem **Bodenseeufer** zu, dem Highlight des Ortes: Radolfzell verfügt über den längsten begehbaren Uferabschnitt des Bodensees. Ein Spaziergang in beliebiger Länge ist ein Muss! Ansonsten sind natürlich die Strandbäder am Bodensee ein tolles Ziel. Das **Strandbad Mettnau** ist gut ausgestattet mit Tischtennisplatten, Bocciabahnen, einem Beachvolleyballfeld, einer Dusche und einem Spielplatz. Das kleinere **Seebad Mettnau** liegt näher am Zentrum und verfügt ebenfalls über einen Spielplatz und eine Dusche. Beide Strandbäder bieten ein gastronomisches Angebot. Zwischen den beiden Bädern befindet sich der **Mettnaupark** mit Grünflächen, Kiesstränden, Wander- und Radwegen.

Sehenswert, da skurril, ist **El Nino**, eine Skulptur, die an der Hafenmole im Wasser des Bodensees hockt und den Wasserstand des Bodensees angibt – denn je nach Pegelstand sieht man mehr oder weniger von dem jungen Mann, der von dem Stuttgarter Bildhauer Ubbo Enninga erschaffen wurde.

Tipp

Ein besonderes Erlebnis ist eine Sonnenuntergangsfahrt auf dem Solarboot HELIO. Die romantische Fahrt auf diesem Katamaran, dem größten auf dem See, dauert eineinhalb Stunden. Informationen unter www.solarfaehre.de.

RADOLFZELLER UMLAND

Das Umfeld Radolfzells kann sich ebenfalls sehen lassen – hier genießt man vor allem unberührte **Natur** in Form von ausgedehnten Riedlandschaften, Wäldern, Naturseen und Wildblumenwiesen. Zahlreiche Wandermöglichkeiten erschließen das Gebiet rund um den Ort und führen zu den besten Aussichtspunkten. Die **Radolfzeller Runden** beschreiben Rundwanderwege, der Premiumwanderweg **SeeGang** ist ein Fernwanderweg, der von Konstanz über Bodman-Ludwigshafen und Sipplingen nach Überlingen führt. Über den Radolfzeller Teilort Liggeringen gibt es einen Zuweg zum SeeGang. Außerdem stehen zahlreiche **Natura Trails** zur Verfügung, über die die Natur- und Vogelschutzgebiete rund um Radolfzell erwandert werden können.

◀ Festung Hohentwiel auf einem Vulkankegel ▶ Mettnau Strandpromende

Eine Radtour rund um Radolfzell ist vor allem im Frühjahr zu Zeiten der Streuobstblüte ein Erlebnis. Es gibt diverse Fahrradverleihe in Radolfzell, bei Zweirad Joos beispielsweise kann man sowohl E-Bikes mieten, als auch Segway- oder Mountainbike-Touren buchen.

Tipp

Immer samstags führen fachkundige Wanderführer die Gäste durch die Natur rund um Radolfzell. Die Touren sind einfach bis mittelschwer, dauern ungefähr drei Stunden und beinhalten eine Einkehr. Infos, Anmeldung und Tickets gibt es bei der Tourismus- und Stadtmarketing Radolfzell GmbH, www.radolfzell-tourismus.de.

Östlich von Radolfzell befindet sich die **Mettnau**. Das ist eine 180 Hektar große Halbinsel im Untersee, die dreieinhalb Kilometer lang und bis zu 800 Meter breit ist. Die Spitze der Insel besteht hauptsächlich aus dem **Naturschutzgebiet Mettnau**, einem der ältesten Naturschutzgebiete Deutschlands, das auch die kleine, südlich vorgelagerte Liebesinsel einschließt. Zu dieser kann man per Kanu paddeln oder mit einem gemieteten Boot schippern (beides bei der Bootsvermietung Albiez erhältlich), man kann den **Mettnau-Turm** besteigen und die Aussicht genießen oder einen Spaziergang durch das Naturschutzgebiet unternehmen. Besonders empfehlenswert ist der **Life-Pfad Untersee**, der von der Mettnau bis zum Naturfreundehaus Bodensee in Markelfingen (im Norden der Mettnau) führt und eindrucksvoll über die Bodenseelandschaft informiert. Auf dem bebauten Teil der Halbinsel befindet sich das Kurgebiet von Radolfzell.
In Radolfzell sind ausreichend Parkflächen vorhanden, die auch für

Wohnmobile geeignet sind. Wer sich jedoch die Parkplatzsuche sparen möchte, kann das Gefährt auf dem Park-and-Ride-Parkplatz im Ortsteil Böhringen abstellen und kostenlos mit dem Zug in die Innenstadt fahren.

SINGEN AM HOHENTWIEL

Singen ist nach Konstanz die zweitgrößte Stadt im Landkreis Konstanz und bildet das Zentrum des **Hegau**, einer Vulkan- und Burgenlandschaft am westlichen Bodensee. Berühmteste Sehenswürdigkeit der Stadt ist die **Festungsruine Hohentwiel**. Sie thront auf dem gleichnamigen, 686 Meter hohen Berg Hohentwiel, dem Hausberg der Stadt Singen, einem ehemaligen Vulkan.

Auch die Festungsanlage darf sich mit einem Superlativ schmücken: Sie gilt als größte Deutschlands und bietet einen grandiosen Panoramablick. Die Anlage ist eine ehemalige Gipfelburg, die normalerweise für Besucher zugänglich ist. Aktuell (Stand: Frühjahr 2020) ist sie jedoch infolge eines Steinschlages aus Sicherheitsgründen gesperrt. Zwar kann man sich ihr trotzdem auf einem der zahlreichen Wanderwege nähern und die Anlage von außen betrachten – das Betreten ist jedoch bis auf Weiteres nicht möglich. Der Kiosk auf dem Hohentwiel in unmittelbarer Nähe zur Festung und mit ebenfalls tollem Blick ist geöffnet, sodass sich ein Besuch hoch über der Stadt Singen dennoch lohnt.

Übrigens gibt die Burg – auch von außen besehen – ein gutes historisches Zeugnis darüber, wie bedeutsam sie in der Vergangenheit war. Die mächtigen Verteidigungsmauern und Turmstümpfe und die Häuserruinen zeugen vor allem von der militärischen Bedeutung der Anlage.

UNTER DEM NAMEN »Hegauer Kegelspiel« finden sich einige Premiumwanderwege, die die Hegauer Vulkanlandschaft erschließen. Sie sind zwischen 6 und 15 Kilometer lang und führen zu den Vulkankegeln, entlang von Flussläufen, durch romantische Schluchten und zu tollen Ausblicken. Über den Weg Hohentwieler erreicht man die Höhen des Hohentwiels und die Festung hoch oben. Dieser Premiumwanderweg ist 7,5 Kilometer lang mit zwar steilen Anstiegen, aber für jeden machbar. Eine Wandertafel am Wanderparkplatz weist den Weg.

Von der Historie zur Moderne: Das MAC Museum Art & Cars präsentiert unter dem Motto »Einzigartig anders« die Verbindung zwischen Kunst und Automobil – eine deutschlandweit einmalige Kombination. Schon allein die moderne Architektur der beiden Museumsgebäude, MAC 1 und MAC 2 genannt, ist überaus beeindruckend. Das Gesamtkonzept des Museums besteht aus den drei Säulen Oldtimer, Kunst und Architektur.
So hingen an den Wänden bereits Werke von Andy Warhol oder James Francis Gill. Und das Auto wird nicht nur als Fortbewegungsmittel thematisiert, sondern auch als Designobjekt und Zeuge vergangener Gestaltungsformen, womit wieder die Verbindung zur Kunst hergestellt wäre. Sonn- und feiertags finden um 15 Uhr offene Führungen im MAC 1 statt; hierfür ist keine Anmeldung erforderlich. Außerhalb dieser Zeiten sind Führungen auf Anfrage möglich. Weitere, zum Teil sehr attraktive Führungen findet man auf der Homepage des Museums unter Besucherinfos. Sehr empfehlenswert, da aus dem Rahmen fallend, ist übrigens auch das museumseigene und mediterrane Restaurant PARK 1.

Tipp

Jedes Jahr findet in Singen Ende Juli ein Burgfest statt. Das ist ein weit über die Grenzen hinaus bekanntes Kulturfest mit Musik, Kabarett und Comedy. 2019 ist das Burgfest wegen der Sperrung der Burgruine ausgefallen. Für künftige Veranstaltungen erhält man Informationen von der Touristinformation.

NICHT EINFACH NUR EIN FREIZEITPARK

Der Wild- und Freizeitpark Allensbach ist eine Institution am Bodensee. Auf einer Fläche von 75 Hektar kann man über 300 Wildtiere in Freigehegen hautnah erleben. Manche Gehege sind sogar zugänglich, ein Spaziergang zwischen freilaufenden Hirschen ist etwas ganz Besonderes. In einer Falknerei werden Greifvogelschauen geboten, und auch Braunbären gehören zu den Parkbewohnern. Ergänzt wird das Naturerlebnis von Spielspaß: Eine Parkeisenbahn im Westernstil dreht ihre Runden, und ein Abenteuerspielplatz sowie Fahrgeschäfte (einzeln kostenpflichtig) sind das Highlight für Kinder. An einer Grillstelle kann man das mitgebrachte Grillgut brutzeln!

AUF EINEN BLICK

Info

STADT/REGION: Radolfzell/Untersee
BESTE REISEZEIT: April–Oktober
OPTIMALE REISEDAUER: 2–3 Tage
TOURISTINFO: Tourismus- und Stadtmarketing Radolfzell GmbH, Bahnhofplatz 2, 78315 Radolfzell am Bodensee, Tel. 07732/815 00, info@radolfzell-tourismus.de, www.radolfzell-tourismus.de.
Touristinformation Singen, Marktpassage, August-Ruf-Straße 13, 78224 Singen, Tel. 07731/852 62, tourismus.in-singen.de

SEHENSWÜRDIGKEITEN

MÜNSTER UNSERER LIEBEN FRAU RADOLFZELL: Marktplatz 4, 78315 Radolfzell am Bodensee
STADTMUSEUM RADOLFZELL: Seetorstraße 3, 78315 Radolfzell am Bodensee, Tel. 07732/815 30, museum@radolfzell.de, www.radolfzell.de/stadtmuseum
STADTGARTEN RADOLFZELL: Stadtmitte, gegenüber Busbahnhof, 78315 Radolfzell am Bodensee, Tel. 07732/815 00, www.radolfzell-tourismus.de
STRANDBAD METTNAU/SEEBAD METTNAU: Strandbadstraße 100, 78315 Radolfzell am Bodensee, Tel. 07732/102 32, www.radolfzell-tourismus.de
METTNAUPARK: Häuslegarten 17, 78315 Radolfzell am Bodensee, Tel. 07732/15 18 10
EL NINO: Karl-Wolf-Straße, 78315 Radolfzell am Bodensee
ZWEIRAD JOOS GMBH & CO. KG: Schützenstraße 11 + 14, 78315 Radolfzell am Bodensee, Tel. 07732/82 36 80, info@zweirad-joos.de, www.zweirad-joos.de
BOOTSVERMIETUNG ALBIEZ: Karl-Wolf-Straße 9, 78315 Radolfzell am Bodensee, Tel. 07732/567 20, info@bootsvermietung-radolfzell.de, www.bootsvermietung-radolfzell.de

AUF EINEN BLICK

FESTUNGSRUINE HOHENTWIEL: Infozentrum,
Auf dem Hohentwiel 2a, 78224 Singen,
info@festungsruine-hohentwiel.de,
www.festungsruine-hohentwiel.de
KIOSK AUF DEM HOHENTWIEL: Auf dem Hohentwiel 2a,
78224 Singen
MAC MUSEUM ART & CARS: Parkstraße 1, 78224 Singen,
Tel. 07731/926 53 74, museum@museum-art-cars.com,
www.museum-art-cars.com
WILD- UND FREIZEITPARK ALLENSBACH: Gemeinmärk 7,
78476 Allensbach, Tel. 07533/93 16 19, info@wildundfreizeitpark.de,
www.wildundfreizeitpark.de

CAMPINGPLATZ BÖHRINGEN

ADRESSE: Hindenburgstraße 64, 78315 Radolfzell am Bodensee, Tel. 0176/24 89 32 48

ANFAHRT: Von Radolfzell nach Böhringen fahren, an der Kirche in die Rommelstraße einbiegen, von dieser nach rechts auf die Hindenburgstraße, dieser bis zum Ende folgen, sie mündet in einem großen Parkplatz.

GPS: 47.762029, 8.935600

Der Campingplatz besteht aus zwei Bereichen: Der eine liegt in unmittelbarer Ufernähe und beim Café-Bistro Böhringer See mit lauschigem Biergarten und Blick auf den See, der andere ist einfach eine große Wiese, auf der sich die Stellplätze befinden. Dazwischen bewohnen Dauercamper ein abgeschlossenes Areal. Neben dem Bistro (sehr leckeres Essen!) stehen je nach Größe sechs bis acht Wohnmobil-Plätze zur Verfügung, die direkt bei den Sanitäranlagen liegen. Diese sind von der Stellplatzwiese recht weit entfernt, was man einkalkulieren sollte, wenn man mit einem Campingbus unterwegs ist.

Ansonsten ist die Wiese sehr idyllisch und inmitten der Natur gelegen mit Spülbecken und Stromanschlüssen. Direkt neben dem Platz befindet sich eine Badeanstalt, ein Bäcker ist im Ort und zu Fuß in einem 1 Kilometer langen Spaziergang erreichbar.

▲ Auf einer Wiese liegen die Touristenplätze des Campingplatzes Böhringen.
◀ Das Mac Museum Art & Cars ▶ Neuer Wohnmobilstellplatz Mettnau

WOHNMOBILSTELLPLATZ METTNAU

ADRESSE: Strandbadstraße, 78315 Radolfzell am Bodensee, info@radolfzell-tourismus.de

ANFAHRT: Vom Zentrum Radolfzells Richtung Halbinsel Mettnau fahren. Am Kreisverkehr auf die Strandbadstraße fahren, der Stellplatz folgt nach der nächsten Abzweigung linkerhand.

GPS: 47.737802, 8.980209

Im Juli 2019 neu eröffneter, sehr gepflegter Stellplatz am Beginn der Halbinsel Mettnau für etwa 31 Reisemobile. Großzügige Stellplätze für je zwei Wohnmobile. Modernes, helles Sanitärgebäude, das mit einer Servicekarte zugänglich ist. Diese wird für die Nutzung von Strom, Wasser, Duschen und WC benötigt. Man erhält die Karte am Automaten beim Kauf eines Stellplatztickets und der Bezahlung einer Pfandgebühr in Höhe von 10 Euro. Jede Parzelle verfügt über einen eigenen Stromanschluss. WLAN, Ver- und Entsorgung vorhanden. Ruhige, ortsnahe Lage, eine Bushaltestelle befindet sich ebenfalls ganz in der Nähe.

TOSENDER RIESE MIT SPRÜHKRAFT

Am Naturspektakel Rheinfall Schaffhausen

Imposant stürzt das Wasser des Rheinfall Schaffhausen in die Tiefe.

2

Die Schweizer Stadt Schaffhausen im gleichnamigen Kanton ist vor allem für eines berühmt: den größten Wasserfall Europas. 235Meter hoch und 150 Meter breit lässt er in einem naturgewaltigen Schauspiel 600 Kubikmeter Wasser pro Sekunde in die Tiefe stürzen. Ein Abstecher dorthin ist ein Muss bei einem Bodenseetrip.

Schaffhausen ist allein wegen des Rheinfalls und der damit verbundenen Attraktionen und Sehenswürdigkeiten einen Besuch wert. Für kurze Wege zu dem Naturschauspiel und den Angeboten drumherum stehen ein Campingplatz und ein Wohnmobilstellplatz zur Verfügung. Vom Stellplatz aus kann man sogar bequem zu Fuß zum Rheinfall laufen, das Fahrzeug also stehen lassen.

ERSTE ATTRAKTION AM PLATZ

Auch die sehenswerte historische Altstadt muss zurückstecken: Der **Rheinfall** ist nun mal das Highlight Nummer 1 von Schaffhausen. Genau genommen befindet sich der Wasserfall etwa vier Kilometer westlich von Schaffhausen auf den Stadtgebieten von Neuhausen am Rheinfall und Schloss Laufen am Rheinfall, Dachsen. Zwei riesige Besucherparkplätze bieten auch großen Wohnmobilen Platz. Während der beim Eingang meist früh belegt ist, läuft man vom größeren der beiden Parkplätze über einen Zugangsweg durch den Wald zum Kassenbereich. Alternativ kann man mit der nostalgischen Bimmelbahn Rhyfall Express von der Stadt Schaffhausen zum Rheinfall tuckern. Aus- und Wiederzustieg bei Bedarf jederzeit möglich.

Hat man das Eintrittsgeld entrichtet, erreicht man auf dem Gelände rechts und links des Wasserfalls Aussichtsplattformen, von denen aus man den tosenden Wasserfallmassen dabei zuschauen kann, wie sie sich in ein 13 Meter tiefes Becken ergießen. Einen besonderen Kick erlebt man, wenn man die Klippe besteigt, an der sich der Wasserfall hinabstürzt. Das ist natürlich nur im Rahmen einer Bootsfahrt mit dem Rhyfall-Mändli (Gelbe Linie) möglich. Abenteuerlich arbeitet sich das Boot durch unruhiges Gewässer an den Fuß des Felsens, entlädt dort die Fahrgäste, die über schmale, steile Treppen den Felssporn erklimmen, und holt sie später wieder ab.

Wer bequemer in den Genuss des Sprühnebels gelangen will, dem sei ebenfalls eine Bootsfahrt empfohlen und zwar zu dem am Wasserfallbecken thronenden Schloss Laufen. Vom Anleger aus führt ein gläserner Fahrstuhl abenteuerlich die Klippen entlang nach oben zur Aussichtsplattform. Insgesamt stehen mit dem **Rhyfall-Mändli** vier farbig markierte Routen rund um den Rheinfall zur Verfügung. Neben der Gelben Linie gibt es reine Fährverbindungen zwischen den beiden Rheinseiten, aber auch Rundfahrten durch das gesamte Rheinfallbecken.

Ohne Boot gibt es diverse Rundwander- und Spazierwege um den Wasserfall herum, die das Gebiet rund um den Rheinfall für »Landratten« erschließen.

Tipp

Rechts neben dem Eingangs- und Kassenbereich führt ein Weg außerhalb des Geländes (ganz legal!) zu einer Brücke, die direkt gegenüber vom Rheinfall schöne Blicke – allerdings ohne Sprühnebel – auf den Wasserfall bietet. Damit umgeht man die Eintrittsgebühr. Viele Besucher machen von dieser Möglichkeit Gebrauch, den Wasserfall von recht nah kostenlos zu bestaunen.

Besonders romantisch und stimmungsvoll ist die abendliche Illumination des Rheinfalls. Diese ist täglich außer bei Vollmond und dem Folgetag in Betrieb und kann von einem der Restaurants am Rheinfall bei einem gemütlichen Abendessen besonders schön zelebriert werden. Noch beeindruckender ist das Feuerwerk »Fire on the rocks«, das Ende Juli stattfindet. Dieses Event hat regelmäßig ein hohes Besucheraufkommen, weshalb sich eine frühe Anreise oder eine ohne Fahrzeug empfiehlt.

Das Wahrzeichen der Stadt ist die Festung Munot aus dem 16. Jahrhundert.

◀ Bei tosendem Wellengang nähern sich die Boote dem Felsen mit der Aussichtsplattform. ▲ Miniaturwelt Smilestones ▼ Stein am Rhein en miniature

DAS ANGEBOT AUSSENHERUM

Mitten auf einer kleinen Rheininsel im Becken des Rheinfalls befindet sich das charmante **Schlösschen Wörth**, eine Burg aus dem 12. Jahrhundert. Das Schlösschen ist äußerst hübsch anzusehen mit einem sechseckigen Turm und seiner Lage auf dem vom Rhein umflossenen Felsen. Es ist über einen Steg erreichbar und beherbergt im Inneren ein Restaurant.

Bei sportlich ambitionierten Besuchern steht der **Adventure Park Rheinfall** sehr hoch im Kurs. Wie der Name schon vermuten lässt, befindet sich der Hochseilgarten nahe dem Rheinfall an der Rheinschlinge und dem Kopfende des Wasserfalls. Und wenn man sich durch die Baumwipfel hangelt, ergeben sich zur Belohnung Blicke aus der Vogelperspektive auf den Wasserfall!

Die Schweiz aus einer neuen Perspektive kennenlernen kann man in der überdachten **Miniaturwelt Smilestones**. Sie zeigt die Schweiz in all ihrer Schönheit anhand von Eisenbahnlinien mit Zügen, Landschaft, fahrenden Autos und Bergbahnen sowie Figuren. Es ist die größte Miniaturwelt der Schweiz. Bislang gibt es die Regionen »Vom Säntis bis zum Rheinfall« und »Das Berner Oberland« zu sehen, geplant sind weitere Gebiete der Schweiz, die auf der derselben Anlage entstehen. Besonders imposant ist der Rheinfall, der wie echt wirkt.

◀ Im Swiss Science Center Technorama ... ▶ ... darf man experimentieren.

SCHAFFHAUSEN SELBST

Es ist eine mittelalterliche Stadt, die oft im Schatten des berühmten Wasserfalls steht. Schon alleine die verwinkelten Gässchen, die vielen Erker (was Schaffhausen den Beinamen »Erkerstadt« verlieh) und die einladenden Straßencafés lohnen einen Besuch der 36 600-Einwohner-Stadt. Die schöne **historische Altstadt** ist autofrei und liegt direkt am Rheinufer. Von der mittelalterlichen Stadtbefestigung sind noch der Obertorturm und das Schwabentor erhalten. Gotische und barocke Bürgerhäuser zieren mit ihren Fresken und bildhauerisch gestalteten Fassaden das Ortsbild.

Die romanische **Münsterkirche** in der südlichen Altstadt liegt inmitten des **Klosters Allerheiligen** mit einem öffentlich zugänglichen Kreuzgang. Während das Kloster eine Benediktinerabtei war, ist das Münster heute eine evangelisch-reformierte Pfarrkirche. Neben dem Münster umfasst die Klosteranlage mehrere Kapellen aus verschiedenen Epochen.

Im **Museum zu Allerheiligen** innerhalb des Klosters werden Archäologie, Geschichte, Kunst und Naturkunde der Region präsentiert. Damit vereint es als großes Universalmuseum unter einem Dach unterschiedliche Themen in umfangreichen Dauer- und regelmäßigen Wechselausstellungen. Die Exponate sind zum größten Teil in den Räumen des ehemaligen Benediktinerklosters untergebracht.

Als Wahrzeichen wacht der **Munot** über Schaffhausen. Das ist eine beeindruckende Festung im Zentrum der Stadt aus dem 16. Jahrhundert oben auf dem Emmersberg. Erbaut aus Quader- und Bruchsteinen wirkt sie ausgesprochen wehrhaft, musste aber tatsächlich nur ein einziges Mal für den Verteidigungsfall herhalten und zwar im Jahr 1799, als die französischen Truppen sich vor den Österreichern zurückzogen. Heute dient die weithin sichtbare, sehr ansehnliche Anlage als Veranstaltungs- und Kulturzentrum. Es lohnt sich ein Blick auf die Homepage des Munotvereins, um ein passendes Event zu finden, das man gerne besuchen möchte (siehe »Auf einen Blick«). Außerdem werden Führungen angeboten, die gut eine Stunde dauern und unter anderem in einen Wehrgang und einen unterirdischen Gang vordringen.

Tipp

Unter anderem durch das Schaffhauserland führt die Grand Tour of Switzerland. Diese geht auf 1600 Kilometern, landschaftlich höchst reizvoll und durch vier Sprachregionen, über fünf Alpenpässe zu zahlreichen UNESCO-Welterbestätten, Seen und Biosphären. Aus Richtung Zürich erreicht man zunächst den Rheinfall, dann die mittelalterliche Stadt Schaffhausen und schließlich Stein am Rhein (siehe Ziel 3).

NICHT NUR BEI SCHLECHTEM WETTER

Eine Institution in der Nähe von Schaffhausen ist das **Swiss Science Center Technorama** im Schweizerischen Winterthur. Technik und Natur werden Besuchern jeden Alters auf spielerische, interaktive, experimentelle und vor allem hautnahe Art und Weise nähergebracht. 28 Kilometer ist dieser Ganztagesausflug von Schaffhausen entfernt – die Strecke lohnt sich auf jeden Fall, bei Weitem nicht nur für Familien mit Kindern. Die Ausstellungen wechseln ständig, das Personal beantwortet die Fragen der Besucher, und interessante Präsentationen laden zum Anfassen und Ausprobieren ein. Insgesamt befinden sich auf einer Ausstellungsfläche von 6500 Quadratmetern über 500 Experimentierstationen.

Es werden außerdem Workshops zu Themen aus der Biologie, Chemie und Physik angeboten, ständig finden spezielle Vorführungen und Demonstrationen statt, und in den AdventureRooms werden mit dem im Technorama vermittelten Wissen ähnlich wie bei einem Escape Room Rätsel gelöst, um dem Raum entkommen zu können. Es gibt Open-Air-Exponate im Park, ein Restaurant und eine Picknickzone sowie einen sehr schönen Museumsshop.

AUF EINEN BLICK

Info

STADT/REGION:
Schaffhausen/Kanton Schaffhausen
BESTE REISEZEIT: April–Oktober
OPTIMALE REISEDAUER: 1–2 Tage
TOURISTINFO: Schaffhauserland Tourismus, Herrenacker 15, CH-8200 Schaffhausen, Tel. +41 52 632 40 20

SEHENSWÜRDIGKEITEN

RHEINFALL SCHAFFHAUSEN: Koordinationsstelle Rheinfall, Herrenacker 15, CH-8200 Schaffhausen, Tel. +41 52 632 63 30, info@rheinfall.ch, www.rheinfall.ch
RHYFALL-EXPRESS AG: Mühlenstraße 248, CH-8200 Schaffhausen, Tel. +41 79 430 32 92, www.rhyfall-express.ch
RHYFALL-MÄNDLI: Werner Mändli AG, Schifffahrt am Rheinfall, Rheinfallquai, CH-8212 Neuhausen am Rheinfall, Tel. +41 52 672 48 11, info@maendli.ch, rhyfall-maendli.ch
ADVENTURE PARK RHEINFALL AG: Nohlstraße, CH-8212 Neuhausen am Rheinfall, Tel. +41 52 670 19 60, info@ap-rheinfall.ch, www.ap-rheinfall.ch
MINIATURWELT SMILESTONES: Industrieplatz 3, CH-8212 Neuhausen am Rheinfall, Tel. +41 52 674 70 70, www.smilestones.ch
MUSEUM ZU ALLERHEILIGEN: Klosterstraße 16, CH-8200 Schaffhausen, Tel. +41 52 633 07 77, admin.allerheiligen@stsh.ch, www.allerheiligen.ch
MUNOT: Munotstieg 17, CH-8200 Schaffhausen; Führungen: Munotwächterin Karola Lüthi, Tel. +41 52 625 42 25, kalut@gmx.net
SWISS SCIENCE CENTER TECHNORAMA: Technoramastraße 1, CH-8404 Winterthur, Tel. +41 52 244 08 44, info@technorama.ch, www.technorama.ch

◀ Rheinwiese-Camping ▶ Kreuzgang des Klosters Allerheiligen

FREIZEITANLAGE RHEINWIESE-CAMPING SCHAFFHAUSEN

ADRESSE: Hauptstraße 96c, CH-8246 Langwiesen, Tel. +41 52 659 33 00, info@camping-schaffhausen.ch, www.camping-schaffhausen.ch

ANFAHRT: Von Schaffhausen aus über die Route 14 in südöstliche Richtung fahren, der Campingplatz folgt links neben der Straße.

GPS: 47.687160, 8.656352

Direkt am Rheinufer gelegener, weitläufiger Campingplatz, hat vor allem für Familien eine gute Ausstattung: Kinderschwimmbecken, Spielplatz und Riesensandkasten. Auch ansonsten gute Infrastruktur mit Restaurant mit schöner Terrasse und tollem Blick und mit großzügigen Liegewiesen. Der Platz ist gepflegt, sauber und gut organisiert, die Sanitäranlagen modern. Zwar stehen die Fahrzeuge recht dicht beieinander, aber durch die weiten Flächen drumherum hat man trotzdem viel Platz zur Verfügung. Es gibt keine Stellplätze direkt am Wasser – zwischen den Plätzen und dem Rhein ist Liegewiese. Zum Rheinfall sind es 5,6 Kilometer zu fahren, in die Stadt zu Fuß knapp 2 Kilometer. Hunde sind auf dem Platz nicht erlaubt.

WOHNMOBIL- UND WOHNWAGENSTELLPLATZ NEUHAUSEN AM RHEINFALL

ADRESSE: Nohlstraße, CH-8212 Neuhausen am Rheinfall, Tel. +41 52 625 51

ANFAHRT: Auf der westlichen Rheinseite gelegen, knapp 1 Kilometer nördlich des Rheinfallquais.

GPS: 47.677765, 8.609515

Gute Lage in nächster Nähe zum Rheinfall, ruhig und mit Schatten spendenden Bäumen hinter den Stellplätzen. Der Wasserfall ist fünf Minuten zu Fuß entfernt. Schotter- und Wiesenuntergrund. Ver- und Entsorgung vorhanden, auch kostenpflichtige Duschen und WC, aber kein Strom. Da stundenweise bezahlt wird (maximal 24 Stunden möglich), ist eine Übernachtung sehr teuer.

MEDITERRAN UND MITTELALTERLICH

Traumhafter Ort Stein am Rhein und Umgebung

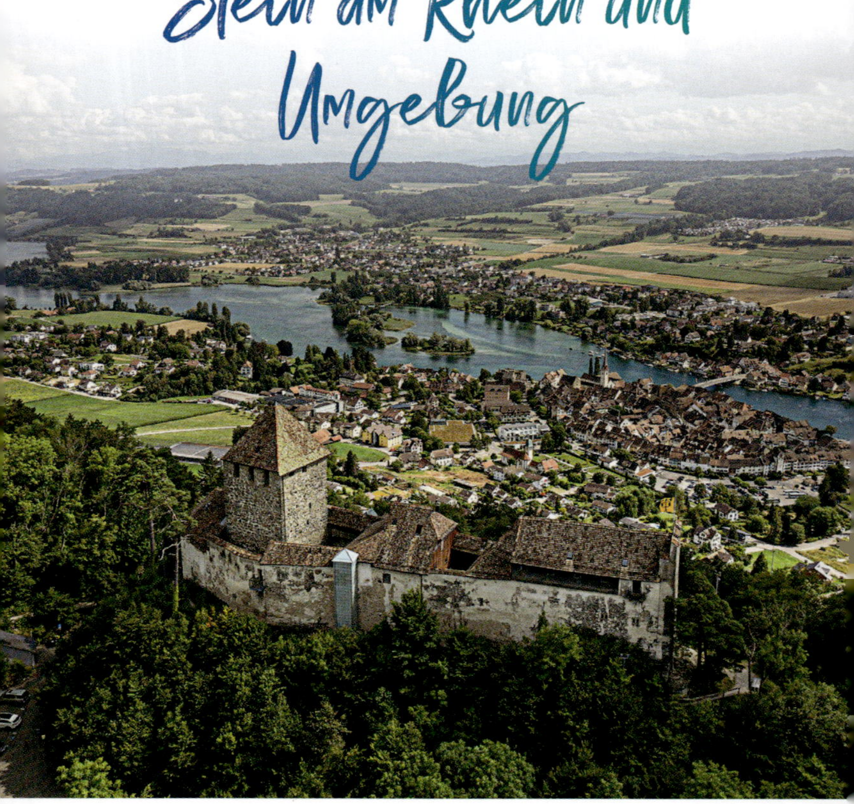

Der Ort Stein am Rhein mit der imposanten Burg ist ein Muss am Bodensee.

3

Wie kann wohl eine Mischung aus historischem Fachwerk und mediterranem Flair zu einer gelungenen Symbiose führen? Der zauberhafte Ort Stein am Rhein im Nordosten der Schweiz zeigt eindrucksvoll, dass dies möglich ist! Obwohl touristisch erschlossen, hat Stein sich einen außergewöhnlichen Charme bewahrt.

Von der besonderen Ausstrahlung des Ortes Stein am Rhein abgesehen, bietet auch das Umfeld zahlreiche Möglichkeiten für Wanderer, Radfahrer und Entdecker. Die Landschaft ist fantastisch, was sicherlich der Lage direkt am Rhein und westlich des Bodensees zu verdanken ist. Es ist eine der schönsten Flusslandschaften Europas, Aktivitäten am oder auf dem Wasser liegen natürlich nahe. Vom direkt am Rhein gelegenen Camping Wagenhausen lassen sich sowohl die Kleinstadt Stein als auch die Ziele um sie herum bestens erreichen.

FACHWERKKUNST

Jedes Haus ist ein Kunstwerk in **Stein am Rhein**. Die Fassaden der mittelalterlichen Fachwerkhäuser sind reich verziert, die meisten kunstvoll bemalt. Sie haben die unterschiedlichsten Erbauungsdaten und stammen aus verschiedenen Epochen, sodass schon alleine deshalb kein Haus wie das andere aussieht. Besonders stechen die romantischen **Erker** an den Bürgerhäusern hervor, die die engen Gassen noch malerischer machen. Es ist ein Erlebnis, die Fußgängerzone entlangzuschlendern und die aufwendigen Fassadenmalereien und Verschnörkelungen auf sich wirken zu lassen. Durch das pittoreske **Glockenturmtor** betritt man die Fußgängerzone an deren westlichem Ende, flaniert vorbei an Schweizer Chocolatiers, Restaurants, Souvenirshops und Boutiquen und bestaunt das historische Altstadtbild mit seinen Fassadenmalereien, Erkern, Treppengiebeln und mittelalterlichen Toren und Türmen. Am **Rathausplatz** sollte man unbedingt in einem der außen bestuhlten Restaurants einkehren und den reizvollen Ort mit dem malerischen Rathaus und seiner mit Malereien und Erkern reich verzierten Fassade betrachten.

Am Vormittag steht die Sonne im Sommer so, dass die Straßenseite mit den eindrucksvollsten Häusern und Fassaden schön beleuchtet ist. Das sollte man unter anderem fürs Fotografieren berücksichtigen.

3

Zurück wählt man dann den Weg am Bodenseeufer entlang. Man spaziert noch ein Stück auf die Rheinbrücke, von der aus sich hübsche Blicke auf die Altstadt mit dem Rhein im Vorder- und den Fachwerkhäuschen im Hintergrund bieten. Im Sommer lassen sich so manche Flussabenteurer im Schlauchboot flussabwärts treiben, ein ebenso lustiger wie farbenfroher Anblick von der Brücke aus! An der Promenade Schiffländi geht es noch einmal an Einkehrmöglichkeiten vorbei, bevor die Anlegestelle der Ausflugsboote Schifflände erreicht ist.
Wie wäre es an dieser Stelle mit einer Schifffahrt auf dem Rhein? Auch vom Wasser aus ist der nostalgische Ort ein Erlebnis. Zudem besticht die Strecke zwischen Stein am Rhein und Schaffhausen (Ziel 2) als eine der schönsten Stromfahrten Europas. In die andere Richtung geht's durch den Untersee bis nach Kreuzlingen (Ziel 14) und nach Konstanz (Ziel 5).
Ebenfalls direkt am Rheinufer liegt das Benediktinerkloster St. Georgen. Die gut erhaltene Abtei aus dem 11. Jahrhundert ist heute ein Museum, das Zutritt zum ehemaligen Konvent, zu den Abthäusern und den Klostergärten gewährt.
Apropos Museum: Spielt das Wetter mal nicht mit, kann man in Stein auch wunderbar ins Museum gehen. Hinter dem Rathaus befindet sich im ältesten Haus Stein am Rheins (Baujahr 1302) die KrippenWelt. Hier kann man in jährlich wechselnden Ausstellungen Hunderte von Krippen aus aller Welt anschauen und dabei eine Zeitreise unternehmen. Ins 19. Jahrhundert zurückversetzt wird man im Museum Lindwurm ebenfalls im Herzen der Altstadt. Passend in einem mittelalterlichen Haus untergebracht, das schon von außen mit seiner Empirefassade glänzt, gibt es Exponate zur gehobenen Wohnkultur und dem landwirtschaftlichen Arbeiten des 19. Jahrhunderts zu betrachten. Themen- und Kostümvorführungen sowie kulturhistorische Sonderausstellungen runden das Museumsangebot ab.
Nostalgisch geht es zu bei der Stadtrundfahrt mit einer Miniaturausgabe der Rätischen Bahn, der Liliputbahn. Vom Bahnhof SLB geht's an der Schifflände vorbei und durch den Stadtgarten, den Rhein entlang, durch einen Tunnel beim Lokschuppen und zurück zum Bahnhof, was etwa zehn Minuten dauert und für Kinder und Erwachsene gleichermaßen geeignet ist. Gezogen werden die Wagen aus den 1920er-Jahren von einer Krokodil-Lok oder einer historischen E-Lok.

Ein Blickfang und weithin sichtbar ist das Benediktinerkloster St. Georgen.

Für den Besuch der Altstadt, der Museen und/oder eine Schifffahrt auf dem Rhein kann man das Wohnmobil bequem auf dem großen, gebührenpflichtigen Parkplatz an der Kreuzung der beiden Straßen Hemishoferstraße und Chlini Schanz (gegenüber vom Glockenturmtor) parken.

Tipp

Empfehlenswert sind die einstündigen Stadtführungen, die über die wechselvolle Geschichte des Städtchens informieren und das Leben im Mittelalter thematisieren. Sie finden von Mai bis Oktober jeweils freitags um 11.30 Uhr und im Juli und August jeweils samstags um 14 Uhr statt. Treffpunkt ist das Touristoffice. Dort gibt es auch Informationen zu speziellen Themenführungen (beispielsweise Mittelalter-, Wein-, Kloster- oder Fassadenführungen).

Als Eiland liegt die Insel Werd mit ihrer Kapelle inmitten des Rheins.

Majestätisch oberhalb des Ortes thront sie und ist ein weithin sichtbarer Blickfang: **Burg Hohenklingen**, Wahrzeichen von Stein am Rhein. Sie ist nicht nur aufgrund ihres mittelalterlichen Erscheinungsbildes ein Ausflugsziel, sondern auch wegen des beeindruckenden Ausblickes auf das Städtchen, den Rhein und die Seenlandschaft. Eine zweijährige Komplett-Restaurierung haben dem Gemäuer nicht etwa den Charme genommen, im Gegenteil, die Symbiose aus Alt und Neu macht nun den besonderen Reiz aus. Im Burg-Restaurant werden Gäste mit Speisen aus der französischen Küche verwöhnt. Besonders verdient hat man sich das gute Essen, wenn man zur Burg hinaufgewandert ist. Dann belohnt der Blick von der Terrasse zusätzlich.

SCHÖNES UMFELD

Weil es einige sehr nahe bei Stein am Rhein gelegene Ausflugsziele gibt, sollte man für diesen Trip eher großzügig Zeit einplanen. Da wäre beispielsweise die kleine, beschauliche **Insel Werd** unbedingt einen Besuch wert. Man verlässt Stein am Rhein auf der südlichen Rheinseite und folgt der Route 13 Richtung Südosten. Von der Route zweigt die Straße Braatle ab, an deren Ende sich ein kleiner Parkplatz befindet, auf dem man auch ein kleineres Wohnmobil parken kann (ein größerer Parkplatz befindet sich südlich der Route 13). Über einen Steg geht's hinüber auf die Insel mit der kleinen **Wallfahrtskapelle St. Otmar**, die man auch von innen anschauen kann. Bänke am Seeufer laden zum Entspannen und Genießen der friedvollen Atmosphäre ein. In einem Garten ist ein Labyrinth angelegt, durch das man hindurchirren kann. Von Stein am Rhein aus kann man auch bequem zu Fuß zur Insel Werd marschieren.

Zwischen Stein am Rhein und Radolfzell liegt im Untersee die **Bodenseehalbinsel Höri**. Mit ungefähr 10 000 Einwohnern steht die waldreiche Halbinsel unter Natur- und Landschaftsschutz. Es ist eine Künstlerinsel, was nicht verwundert, da die abgeschiedene Lage (direkt gegenüber der Insel Reichenau) schon immer Literaten und Maler angezogen hat. Zivilisationsmüde Schriftsteller oder verfolgte Künstler suchten hier Zuflucht, beispielsweise Otto Dix oder Helmuth Macke während des Dritten Reichs. Moos, Gaienhofen und Öhningen bilden die Gemeinden der Höri, die zu Deutschland gehört, nicht zur Schweiz. In Gaienhofen befindet sich die Touristinformation. Gaienhofen wird auch als »Mittlere Höri« bezeichnet, und da hier Hermann Hesse und Otto Dix lebten, spricht man von dieser Gemeinde auch als »Künstlerwinkel«. Um dieser Bezeichnung gerecht zu werden, haben sich beide Künstler in Form von Museen verewigt. Im **Hermann Hesse Museum** kann man das politische und gesellschaftliche Wirken des berühmten deutsch-schweizerischen Literaten nachverfolgen – hierfür sollte genug Zeit eingeplant werden, und auch die herrliche Umgebung mitsamt dem schönen Museumsgarten verdienen Aufmerksamkeit, um so richtig auf Hesses Spuren wandeln zu können. Das Museum ist in einer ehemaligen Scheune untergebracht; neben der Dauerausstellung gibt es wechselnde Sonderausstellungen zu sehen.

Das zweite kulturelle Highlight des Ortes ist das **Museum Haus Dix**. Untergebracht im ehemaligen Wohnhaus der Familie Dix wird das Leben und Wirken des bedeutenden Künstlers, der Ende des 19. Jahrhunderts geboren wurde, beleuchtet. Während er auf der Höri lebte, bildeten seine Arbeiten die Landschaft am Bodensee ab. Das Museum kann mit einem (kostenlosen) Audioguide besichtigt werden, es finden außerdem an jedem zweiten und vierten Sonntag im Monat jeweils um 14 und 15.30 Uhr Führungen statt.

An der Anlegestelle Schifflände starten zahlreiche Ausflugsfahrten.

Direkt an der Schweizer Grenze liegt der Ort Öhningen, Hauptort der »Hinteren Höri«. Im **Museum Fischerhaus** werden Funde aus der Wangener Pfahlbausiedlung ausgestellt – sie sind Teil des UNESCO-Weltkulturerbes und stammen aus Siedlungen der Jungsteinzeit. Das Museum ist in einem denkmalgeschützten Fachwerkhaus aus dem Jahr 1604 untergebracht.
Nach so viel Kultur wenden wir uns der Natur zu: Sie ist absolut unberührt und lädt zum Wandern oder Radfahren ein. Es gibt verschiedene Wandermöglichkeiten, die den **Schienerberg** einschließen – von diesem aus wird man mit fantastischen Blicken auf Radolfzell (Ziel 1), die Höri, die benachbarte Schweiz und den Bodensee belohnt.
Entspannt sonnen und schwimmen lässt es sich im **Strandbad Gaienhofen-Horn** im Naturschutzgebiet Hornspitze mit großer Liegewiese, Minigolf und Spielplatz. Über einen Badesteg gelangt man ins Wasser, es gibt einen Kiosk und eine Badeaufsicht.

Tipp

Mitunter geht es eng zu auf der Halbinsel, und das Parken ist überall kostenpflichtig – wer ohne Wohnmobil anreisen möchte, kann dies entweder mit dem Höribus tun, der Radolfzell, Moos, Gaienhofen, Öhningen und Stein am Rhein anfährt. Oder mit dem Wassertaxi MS Seestern, das ist die Hörifähre, die von Mai bis September zwischen Horn, Berlingen (Schweiz), Gaienhofen und Steckborn (Schweiz) verkehrt.

AUF EINEN BLICK

Info

STADT/REGION: Stein am Rhein/Kanton Schaffhausen
BESTE REISEZEIT: April–Oktober
OPTIMALE REISEDAUER: 2–3 Tage
TOURISTINFO: Touristoffice Stein am Rhein, Oberstadt 3, CH-8260 Stein am Rhein, Tel. +41 52 632 40 32, tourist-service@steinamrhein.ch, tourismus.steinamrhein.ch.
Touristinformation Gaienhofen, Im Kohlgarten 1, 78343 Gaienhofen, Tel. 07735/818 23, info@gaienhofen.de, www.gaienhofen.de

SEHENSWÜRDIGKEITEN

MUSEUM KLOSTER ST. GEORGEN: Fischmarkt 3, CH-8260 Stein am Rhein, Tel. +41 52 741 21 42, klostermuseum@bak.admin.ch, www.klostersanktgeorgen.ch
KRIPPENWELT: Oberstadt 5, CH-8260 Stein am Rhein, Tel. +41 52 721 00 05, info@krippenwelt-ag.ch, www.krippenwelt-ag.ch
MUSEUM LINDWURM: Understadt 18, 8260 Stein am Rhein, Tel. +41 52 741 25 12, info@museum-lindwurm.ch, www.museum-lindwurm.ch
BURG HOHENKLINGEN: Hohenklingenstraße 1, CH-8260 Stein am Rhein, Tel. +41 52 741 21 37, info@burghohenklingen.com, burghohenklingen.com
LILIPUTBAHN: Schiffländi, CH-8260 Stein am Rhein, Tel. +41 79 602 75 94, www.steinerliliputbahn.ch

◀ Die Wallfahrtskapelle St. Otmar ▶ Stein am Rhein ist ein pittoresker Ort.

AUF EINEN BLICK

HESSE MUSEUM GAIENHOFEN: Kapellenstraße 8, 78343 Gaienhofen, Tel. 07335/44 09 49, hesse-museum@gaienhofen.de, www.hesse-museum-gaienhofen.de
MUSEUM HAUS DIX: Otto-Dix-Weg 6, 78343 Gaienhofen-Hemmenhofen, Tel. 07735/93 71 60, dix@kunstmuseum-stuttgart.de, kunstmuseum-stuttgart.de
MUSEUM FISCHERHAUS: Seeweg 1, 78337 Öhningen-Wangen, www.museum-fischerhaus.de
HÖRIBUS: www.suedbadenbus.de
MS SEESTERN: Schifffahrt Lang, Erbringstraße 24, 78343 Gaienhofen-Horn, Tel. 07735/88 91, www.schifffahrtlang.de
STRANDBAD GAIENHOFEN-HORN: Strandweg 3, 78343 Gaienhofen-Horn, Tel. 07735/938 94 29

CAMPING WAGENHAUSEN AG

ADRESSE: Hauptstraße 82, CH-8259 Wagenhausen, Tel. +41 52 741 42 71, info@campingwagenhausen.ch, www.campingwagenhausen.ch
ANFAHRT: Aus Richtung Schaffhausen bis zum Ortseingang Wagenhausen fahren, die Zufahrt zum Campingplatz folgt gleich linkerhand.
GPS: 47.662478, 8.840709

Zwischen Stein am Rhein und der Insel Werd liegt der Platz Wagenhausen.

Die Promenade Schiffländi zieht sich am Ufer des Hochrheins entlang.

Direkt am Rhein gelegener Campingplatz (südliche Rheinseite) in Laufdistanz zu allen Sehenswürdigkeiten des Städtchens Stein am Rhein, das über den Uferweg erreichbar ist. Mit einem Landgasthof, der eine sehr gute Küche bietet. Moderne, saubere Sanitäranlagen, beheizter Pool, ein kleiner Laden und sehr freundliches Personal. Den Großteil des Platzes belegen Dauercamper, es sind aber auch 40 Touristenstellplätze vorhanden.

WOHNMOBIL- UND WOHNWAGENSTELLPLATZ HÜTTENBERG, ESCHENZ

ADRESSE: Hüttenberg, CH-8264 Eschenz, Tel. +41 52 741 23 37, info@huettenberg.ch, www.huettenberg.ch

ANFAHRT: Von Stein am Rhein aus über die Route 13 Richtung Südosten fahren, bis nach rechts die Straße Hüttenberg abzweigt. Der Campingplatz folgt rechterhand, die Stellplätze nach der Zufahrt zum Campingplatz.

GPS: 47.644935, 8.859895

Stellplatz für acht Wohnmobile außerhalb eines Campingplatzes. Sonniger, ebener Platz mit Schotter als Untergrund. Die Einrichtungen des Campingplatzes können mitgenutzt werden: Es gibt einen kleinen Laden, einen Pool und Duschen. Hunde, Strom, Wasser, Ver- und Entsorgung sind im Übernachtungspreis enthalten. Der Aufenthalt ist auf eine Nacht beschränkt. Vom Platz aus tolle Aussicht auf den Untersee.

VIEL NATUR UND RUHE

Überlinger See mit Bodman-Ludwigshafen

So richtig zum Genießen ist eine Wanderung mit Ausblicken auf Radolfzell.

4

Schaut man sich den Überlinger See auf einer Karte an, wird schnell klar, warum er »Finger des Bodensees« genannt wird. Es ist der nordwestliche Teil des Bodensees, an dem auch Konstanz mit der Insel Mainau liegt. Die Gemeinde Bodman-Ludwigshafen am Westende des Überlinger Sees gehört zum Hegau.

Charakteristisch für den Überlinger See sind seine steilen Uferwände. Deshalb ist er bei Tauchern sehr beliebt, insgesamt ist der »Finger« ein Eldorado für Wassersportler, und auch Badehungrige kommen in Strandbädern mit flacheren Ufern auf ihre Kosten. Der Überlinger See ist durch die Fährverbindung zwischen Meersburg (Ziel 7) und Konstanz (Ziel 5) vom Obersee abgegrenzt. Benannt ist dieser Teil des Bodensees nach Überlingen (Ziel 6), der größten Stadt am gleichnamigen See.
Burgen, Schlösser und Ruinen kennzeichnen diesen nordwestlichen Teil des Bodensees, und noch heute kann man auf den Spuren von Königen, Grafen und Herzögen wandeln.

GEMEINDE-KONGLOMERAT

Aus einer Gemeindereform im Jahr 1975 ist aus den beiden selbstständigen Gemeinden Bodman und Ludwigshafen am Bodensee Bodman-Ludwigshafen hervorgegangen. Dazu zählen 15 weitere Dörfer, Weiler und Höfe. Bodman-Ludwigshafen ist ein eher ruhiger und idyllischer Ort, das zwischen den beiden Teilorten gelegene **Naturschutzgebiet Aachried** mit seiner unberührten Tier- und Pflanzenwelt trägt zu einem großen Teil zu dieser Beschaulichkeit bei. Hier gibt es herrliche Rad- und Wanderwege, die zu Aussichtpunkten und/oder an Wein- und Obstplantagen vorbei und durch die Altstadt von Bodman-Ludwigshafen führen. Im Frühjahr ist ein Spaziergang über den Blütenweg von Ludwigshafen nach Sipplingen eine besondere Empfehlung. Dann stehen die Obstplantagen in voller Blüte.
Besucher schätzen die Ruhe des Ortes, der gerade einmal 1500 Einwohner zählt. Hier kann man so richtig die Seele baumeln lassen und aus der Höhe ungewöhnliche Blicke über den Bodensee genießen. Vor allem von der mittelalterlichen Burgruine Alt-Bodman aus, die eines der Highlights des Ortes ist.

4

STARTPUNKT DER WANDERUNG durch das Echotal ist die Touristinformation in Bodman, bei der man auch parken kann. Zunächst am idyllischen Seeufer und dem Hafen vorbei, geht es nach ein paar hundert Metern rechts hinauf zum Neuen Weg – schöne Blicke bieten sich bereits hier! Durch den Wald (angenehm an heißen Sommertagen) geht es bergauf, bis der Weg auf den Höhenweg trifft. Mit moderateren Anstiegen marschiert man nun auf den Bodanrück, vorbei an einer Bisonherde und der Gaststätte Bisonstube Bodenwald, wo man einkehren kann. Danach folgt ein Highlight der Wanderung, die Ruine Altbodman. Schmale Pfade führen in die Ruine hinein und um sie herum, und von einer Aussichtsplattform aus ergeben sich tolle Blicke auf den Bodensee und die Umgebung. Über schmale Waldwege und ein Stückchen durch Wohngebiet gelangt man zurück in den Ort Bodman.

Wer die **Burgruine Altbodman** ohne den großen Rundweg durchs Echotal erreichen möchte, kann dies auf einem direkten, etwa 1 Kilometer langen Wanderweg tun und den wundervollen Blick über den Untersee genießen. Die Burgruine stammt aus dem 12. Jahrhundert und wurde im Dreißigjährigen Krieg zerstört.
Heute residiert der Adel des Ortes im Süden des Teilortes Bodman im **Schloss Bodman**. Es wurde Mitte des 19. Jahrhunderts erbaut und nachträglich um einen Südost- und einen Südwestflügel erweitert. Das Schloss wird immer noch vom Grafen von Bodman bewohnt und kann deshalb nicht besichtigt werden, der umgebende **Schlosspark** ist jedoch frei zugänglich.
Eine kulturelle Institution der zusammengeschlossenen Gemeinde ist das **Zollhaus Ludwigshafen**. Der Veranstaltungsort direkt am Seeufer ist heute das Wahrzeichen des Ortsteils Ludwigshafen mit Hotel, Restaurant, Livemusik und Kunstausstellungen. Außerdem beherbergt das Zollhaus das Rathaus von Ludwigshafen. Ursprünglich fungierte es als Umschlagplatz für Waren und als Lagerhalle, dann wurde es als Verbindung zwischen Lagerraum und Zollamt genutzt – aus dieser Zeit stammt der gut erhaltene Holzkran. Es werden vier unterschiedliche Ausstellungen im Jahr rund um Kunst- und Handwerk präsentiert.

In einem Garten zeigt der Künstler Peter Lenk außergewöhnliche Skulpturen.

Tipp

Jeden ersten Sonntag im Monat finden im Zollhaus Konzerte mit hochkarätigen Jazzbands statt. Die namhaften Musiker, die hier aufspielen, sorgen dafür, dass die Veranstaltung in der Jazz-Szene inzwischen zu einem Begriff geworden ist.

Ebenfalls Kultur schnuppern kann man im **Skulpturengarten** des Bildhauers Peter Lenk. Seine Figuren sind rund um den Bodensee überall zu sehen, beispielsweise wurde die berühmte Betonstatue Imperia im Konstanzer Hafen (siehe Ziel 5) von ihm entworfen. In Bodman, wo der Künstler mit Frau und Hund lebt, gibt es eine Galerie, und eine Führung durch den Garten und die angrenzende Wiese mit den Kunstwerken wird angeboten. Die Führung dauert etwa eineinhalb Stunden und kostet pro Person zehn Euro – der Erlös wird in den Erhalt des Skulpturengartens investiert und sozialen Zwecken gespendet. Viele Nackte mit barocker Statur stellt Peter Lenk aus, manche tragen bekannte Gesichter. Seine Werke sind oft zeitgeistkritisch, mitunter auch recht satirisch und auf jeden Fall skurril. In Ludwigshafen ziert ein zehn mal vier Meter großes Relief voll Gesellschaftssatire von Peter Lenk die Rathauswand. Über den Publikumsmagnet wird heftig diskutiert, stellt er doch die Raffgier der Gesellschaft an den Pranger.

◀ Idyllisches Seeufer mit Herbstverfärbung ▶ Die Burgruine Altbodman

Genug Kulturluft geschnuppert? Dann steht jetzt einem Bad im herrlichen Bodensee nichts mehr im Wege! Zwei Strandbäder garantieren Badespaß: Das etwas ruhigere **Naturstrandbad Bodman** hat einen Badesteg und eine große Liegewiese zum Sonnen und Entspannen. Am flach abfallenden Kieselstrand bietet das **Strandbad Ludwigshafen** mit Spielplatz, Beachvolleyballfeld, Tischtennis und einem Kanuverleih Urlaubsstimmung. Unter Weiden kann man auf der großen Liegewiese Schatten genießen. Beide Strandbäder sind kostenpflichtig.

Bodman und Ludwigshafen sind Anlegehäfen für die Schifffahrt auf dem Überlinger See. Auf diesem finden ganzjährig auf der MS Großherzog Ludwig des **Schifffahrtsbetriebes Deinis** Themen-, Rund- und Sonderfahrten statt: beispielsweise im Sommer zur Insel Mainau, im Advent zum Weihnachtsmarkt nach Konstanz oder Gourmet-Abendfahrten mit Fischgerichten oder italienischen Spezialitäten. Eine Fahrradmitnahme ist gegen Gebühr möglich, Hunde dürfen kostenlos mit an Bord.

AUSSICHTSPUNKT MIT GASTRONOMIE

Nur ein kurzes Stück außerhalb von Bodman-Ludwigshafen und auf der Nordseite des »Fingers« lohnt ein Ausflug zum **Aussichtspunkt Haldenhof** – bei gutem Wetter kann der Blick bis in die Alpen reichen! Es liegen den Besuchern ansonsten nicht nur der Bodensee und die Ortschaft Sipplingen zu Füßen, sondern es lässt sich auch im **Höhengasthaus Haldenhof** vorzüglich einkehren.

4

SCHON ALLEINE DIE BESTUHLUNG im Außenbereich des Höhengasthaus Haldenhof lohnt einen Trip hier hoch – aussichtsreicher als in diesem Biergarten kann man kaum speisen und/oder ein kühles Getränk in einem der bereitgestellten Liegestühle auf einer Wiese genießen. Neben feinem, gutbürgerlichem Essen passend zur Location gibt es auch leckeren Kuchen für den Nachmittagsbesuch (Höhengasthaus Haldenhof, Haldenhofweg 51, 88662 Überlingen-Bonndorf, Tel. 07773/56 13, www.gasthaus-haldenhof.de).

Am Gasthaus beziehungsweise am Aussichtspunkt starten zahlreiche Wanderungen in alle Himmelsrichtungen, in allen Längen und Variationen. Besonders erwähnenswert ist der **Geologische Lehrpfad**, der vom Höhengasthaus zur Burgruine Hohenfels auf fast 600 Metern Höhe führt, die aus dem 12. Jahrhundert stammt. Danach marschieren wir hinunter zum Landhaus Sternen und wieder zurück zum Haldenhof. Der Weg ist 3,2 Kilometer lang und bewältigt 207 Höhenmeter – hierfür benötigt man etwa eineinviertel Stunden. Elf Infotafeln führen in die geologische Entwicklungsgeschichte des Bodensees ein. Man erfährt zum Beispiel, dass sich im Überlinger See einst Haie tummelten, später auch Krokodile. Und dass Eisberge die heutige Bodenseegegend prägten. Eine Begleitbroschüre ist bei den Touristinformationen in Sipplingen und Überlingen (Ziel 6) erhältlich.

◀ Aussichtspunkt Haldenhof: Einkehr mit Liegestühlen … ▶ … und Seeblick!

AUF EINEN BLICK

Info

STADT/REGION: Überlinger See/Landkreis Konstanz
BESTE REISEZEIT: April–Oktober
OPTIMALE REISEDAUER: 1–2 Tage
TOURISTINFO: Touristinformation Ludwigshafen, Hafenstraße 5, 78351 Bodman-Ludwigshafen, Tel. 07773/93 00 40, info@bodman-ludwigshafen.de, www.bodenseepur.de
Touristinformation Bodman, Seestraße 5, 78351 Bodman-Ludwigshafen, Tel. 07773/93 96 95, info@bodman-ludwigshafen.de, www.bodenseepur.de.
Touristinformation Sipplingen, Seestraße 3, 78354 Sipplingen, Tel. 07551/949 93 70, info@sipplingen.de, www.sipplingen.de

SEHENSWÜRDIGKEITEN

SCHLOSS BODMAN: Schlossallee 11, 78351 Bodman-Ludwigshafen
SKULPTURENGARTEN PETER LENK: Kaiserpfalzstraße 20, 78351 Bodman-Ludwigshafen, Tel. 07773/58 91, bildhauer@peter-lenk.de, www.peter-lenk.de
SCHIFFFAHRTSBETRIEB DEINIS: www.schifffahrtbodensee.de

CAMPINGPLATZ SCHACHENHORN

ADRESSE: Radolfzeller Straße 23, 78351 Bodman-Ludwigshafen, Tel. 07773/937 68 51, info@camping-schachenhorn.de, camping-schachenhorn.de
ANFAHRT: Über die B34/Radolfzeller Straße von Bodman Richtung Ludwigshafen fahren, der Campingplatz ist nach rechts ausgeschildert.
GPS: 47.817205, 9.037982
Der Platz liegt perfekt zwischen den beiden Ortsteilen Bodman und Ludwigshafen direkt am Bodensee. Es ist ein sehr großer Platz, die Stellplätze sind in Reih und Glied angeordnet, es gibt auch welche am Wasser. Viel Trubel, aber alles gut organisiert. Saubere Sanitäranlagen mit Münzduschen, Brötchenbestellung möglich, man kann auch Frühstück bekommen. Mit Restaurant am Platz und Verleih von

◀ Gut besucht mit Stellplätzen am See: Camping Schachenhorn ▲ Mit Übernachtungsplätzen außerhalb ▼ Geheimtipp: Campinggarten Wahlwies

Standup-Paddleboards. Vor dem Campingplatz stehen reine Übernachtungsplätze zur Verfügung. Startpunkt zahlreicher Wanderungen, vom kurzen Spaziergang bis zur langen Tageswanderung.

CAMPINGGARTEN WAHLWIES

ADRESSE: Stahringer Straße 50, 78333 Stockach-Wahlwies,
Tel. 07771/35 11, info@camping-wahlwies.de,
www.camping-wahlwies.de
ANFAHRT: Von der B34 Bodman Richtung Ludwigshafen auf die Espasinger Straße links abbiegen. Dieser folgen, bis nach links die Stahringer Straße abzweigt, der Campinggarten folgt rechterhand.
GPS: 47.808752, 8.969789
Ein echter Geheimtipp: Sehr gepflegter, ruhiger, naturnaher und persönlich geführter Platz. Er ist überschaubar groß, die Stellplätze sind nicht parzelliert und liegen inmitten von Obstplantagen. Wenig Dauercamper. Nagelneues, topmodernes Sanitärhaus mit sauberen Toiletten und Duschen. Die freundlichen Betreiber stehen jederzeit mit Rat und Tipps bereit. An der Rezeption gibt es einen Kühlschrank mit Getränken, außerdem frisches Hundefutter und Leckerlis (insgesamt sehr hundefreundlicher Platz). Auf Bestellung Brötchen am Morgen. Ein Wohnmobilhafen befindet sich vor der Zufahrt zum Campinggarten.

DAS TOURISTISCHE HERZ DES SEES

Zentral gelegenes Konstanz

Die Stadt zum See – in Konstanz schlägt das Herz des Bodensees!

Konstanz wird »Stadt zum See« genannt. Mit der Lage am nördlichen Ufer des Bodensees und gleichzeitig am Rhein, der in Konstanz als Seerhein beginnt und einen langen Weg bis ans Meer vor sich hat, kann man mit dieser Bezeichnung Konstanz als Ausgangspunkt zu allen Aktivitäten am Bodensee charakterisieren.

Kontrastreich präsentiert sich Konstanz mit zwei Gesichtern: Auf der einen Seite des Seerheins die mittelalterliche Altstadt, auf der anderen Seite die moderne Universitätsstadt mit Szenekneipen und buntem Studentenleben. Die größte Stadt am Bodensee liegt am Untersee, der durch den **Seerhein** mit dem Obersee verbunden ist – Wasser also auf allen Seiten, und hier schließt sich der Bogen wieder zur »Stadt zum See«. Auf der linken (südlichen) Rheinseite liegen die Altstadt und der Stadtteil Paradies, auf der rechten (nördlichen) Rheinseite befinden sich die neueren Stadtteile.

SÜDLICHE RHEINSEITE

Die Konstanzer **Altstadt** ist der einzige deutsche Stadtteil südlich des Seerheins auf der Schweizer Bodenseeseite – er geht nahtlos über in die Schweizer Nachbarstadt Kreuzlingen (siehe Ziel 14). Mitunter verläuft die Ländergrenze sogar zwischen einzelnen Häusern beziehungsweise Straßenzügen hindurch.

Die Konstanzer Altstadt ist erstaunlich gut erhalten. Das liegt daran, dass die Konstanzer Bürger im Zweiten Weltkrieg nachts die Lichter anließen – die Bomberpiloten schonten die Stadt, weil sie dachten, es wäre Schweizer Gebiet. Deshalb ist die Konstanzer Altstadt eines der bedeutendsten Flächendenkmäler Baden-Württembergs und verbindet zusammen mit der restlichen Stadt Kultur, Natur, Wirtschaft und Wissenschaft.

Konstanz wird auch die **Konzilstadt** genannt, weil hier von 1414 bis 1418 das Konzil von Konstanz stattfand. Im Konzilgebäude wurde die Papstwahl durchgeführt – das sehenswerte Gebäude steht heute noch am Bodenseeufer neben dem Hafen und dem Bahnhof. Der massive Steinbau mit dem markanten Walmdach war ursprünglich als Warenlager errichtet worden und wurde für das Konklave der Papstwahl zweckentfremdet. Heute wird der große mittelalterliche Profanbau als Restaurant, Festsaal und Kongresszentrum genutzt.

◀ Zum Wahrzeichen der Stadt, der Hafenfigur Imperia, gibt es viele Deutungen.
▲ Reich verziert ist die Wand des Rathauses. ▼ Beschauliche Altstadt

Auch das **Wahrzeichen** der Stadt, die weithin sichtbare Hafenfigur **Imperia**, ist eine Erinnerung an das mittelalterliche Weltereignis. Sie ist spärlich bekleidet und aus Beton gegossen. Neun Meter hoch und 18 Tonnen schwer, dreht sie sich innerhalb von vier Minuten einmal um die eigene Achse und bewacht dergestalt seit 1993 den Konstanzer Hafen. Auf dem Kopf trägt sie eine Narrenkappe und auf ihren ausgebreiteten Armen zwei nackte Männer. In einer Hand sitzt eine Figur mit Papstkrone, in der anderen ein nackter Mann mit Kaiserkrone und Reichsapfel.
Das Werk stammt von dem Bildhauer Peter Lenk aus Bodman-Ludwigshafen (siehe Ziel 4), der rund um den Bodensee für seine satirische Bildhauerkunst bekannt ist. So ist die Imperia ebenfalls eine spöttische Anspielung auf das Konstanzer Konzil; dabei symbolisiert die Figur mit Kaiserkrone und Reichsapfel die weltliche und die mit der Papstkrone die kirchliche Autorität. Lenk selbst will sein Kunstwerk als nicht ganz ernst gemeinte Anspielung auf die Aneignung von weltlicher und kirchlicher Macht verstanden wissen – daher die Narrenkappe. Andere Interpretationen orientieren sich an dem Roman *La bella Impéria* von Honoré de Balzac, in dem

die Imperia eine Kurtisane ist, die sich zu Zeiten des Konzils in Konstanz aufhält und die Geliebte von weltlichen und kirchlichen Würdenträgern ist. Das ergibt Sinn, weil das blühende Kurtisanenwesen zu Zeiten des Konzils eine historische Tatsache ist.

Nach der Enthüllung der Figur 1993 kam es zu Protesten der Kirche und konservativer Stadträte. Da sich die Statue aber auf dem Privatgrund der Bahn befindet, war die Entfernung der Statue nicht durchsetzbar – und so ist sie heute eine der meistbesuchten Touristenattraktionen der Stadt! In ihrem Sockel befindet sich übrigens die älteste Pegelmessstation ganz Baden-Württembergs.

Tipp

Das Konstanzer Konzil vor 600 Jahren war die einzige gültige Papstwahl nördlich der Alpen. Um die Hintergründe zu den vielen Sehenswürdigkeiten rund um das Konzil zu erfahren, empfiehlt sich die Themen-Stadtführung »Auf den Spuren des Konzils – Von Päpsten, Ketzern, Kurtisanen«. Dabei werden auch weniger bekannte Schauplätze des Konstanzer Konzils unter die Lupe genommen. Die Führungen dauern eineinhalb Stunden, kosten 10 Euro pro Teilnehmer und finden von Januar bis März und im November/Dezember jeden ersten und dritten Dienstag und jeden ersten und dritten Samstag im Monat um 14.30 Uhr sowie von April bis Oktober jeden zweiten und vierten Dienstag und jeden ersten und dritten Samstag im Monat um 15.30 Uhr statt. Treffpunkt und Ticketverkauf ist bei der Touristinformation im Bahnhof (www.konstanz-tourismus.de/konzilgeschichten).

Am **Hafen** und der **Strandpromenade** direkt am Seeufer reihen sich Cafés, Restaurants und Biergärten aneinander, dazu gesellt sich die See- und Alpenkulisse – es herrscht eine herrlich mediterrane Atmosphäre. Hier ist vor allem in den Sommermonaten viel los, Straßenkünstler tragen mit zum Trubel bei, hier starten die Seerundfahrten, und es gibt einen Tret- und Ruderboot-Verleih. Im Winter befindet sich entlang der Strandpromenade der **Weihnachtsmarkt** mit Ständen direkt am See und mit einer märchenhaften Stimmung.

5

Neben dem Konzilgebäude ragt ein weiteres Bauwerk aus der Altstadt heraus: das gotische **Münster Unserer Lieben Frau**. Es ist das höchste Gebäude der Altstadt und prägt mit seinem markanten und mächtigen Erscheinungsbild auf dem **Münsterplatz** das Stadtbild. Erstmals urkundlich im Jahr 780 erwähnt, war die Kathedrale lange Zeit Bischofssitz und diente als Sitzungssaal des Konstanzer Konzils. Heute wird das Münster als katholische Pfarrkirche genutzt. Den 78 Meter hohen, neugotischen Münsterturm kann man zu etwa zwei Dritteln besteigen und von oben einen imposanten Blick über die Altstadt genießen.

Ein weiteres beeindruckendes Altstadtbauwerk gefällig? Dann besuchen Sie im Herzen der Altstadt das historische **Rathaus** mit seiner reich bemalten Fassade! Die Wandmalereien im Renaissancestil ziehen natürlich die meisten Besucher an, doch lohnt sich auch ein Blick in den Innenhof in der Kanzleistraße, wo man ein Ensemble weiterer historischer Gebäude vorfindet. Sowohl die Wandmalerei an der Fassade als auch Bilder im ersten Stock des Rathauses zeigen Szenen der Konstanzer Stadtgeschichte.

Sollte das Wetter einmal nicht gewogen sein (der Herbst in Konstanz beispielsweise zeichnet sich aus durch lang anhaltenden Nebel), gibt es interessante Museen zu besuchen. Mitten in der Fußgängerzone dreht sich im **Hus-Museum** alles um den böhmischen Reformator Jan Hus, der schon lange vor Luther die Reformation vorangetrieben hat. Die Exponate über sein Leben und Wirken sind in einem Fachwerkhaus am **Schnetztor** zu sehen.

Auf eine Zeitreise geht es im **Rosgartenmuseum**, dem Konstanzer Kunst- und Kulturmuseum im ehemaligen Zunfthaus der Metzger, Krämer, Apotheker, Hafner und Seiler – es ist eines der ältesten Museen Baden-Württembergs und zeigt Exponate zur Geschichte der Stadt und der Region.

Ein Highlight nicht nur für Kinder ist unbenommen das **SEA LIFE**. Als Erlebnis-Aquarium kann man hier hautnah einer Vielzahl von Wassertieren begegnen – Rochen, Haie, Eselspinguine, Bewohner von Regenwaldgewässern, aber auch heimische Seebewohner bestaunt man in den zahlreichen Becken. Schaufütterungen und eine Meeresschildkröte im Unterwassertunnel komplettieren das Angebot. Mit inbegriffen ist auch der Eintritt in das **Bodensee-Naturkundemuseum** im selben Gebäude. Hier geht es um die Landschaft des Bodenseegebietes und ihre Tier- und Pflanzenwelt.

Einer der Zugänge in die Altstadt erfolgt durch das fotogene Schnetztor.

Nach Sightseeing und Museumsluft laden die malerischen Altstadtgässchen zum Einkaufsbummel oder zur Einkehr in ein Café, eine Weinstube oder eine urige Kneipe ein.

Tipp

Um sich nicht die Füße wund laufen zu müssen, kann man auf das Fahrrad-Mietsystem KONRAD zurückgreifen. Mit dem gemieteten Drahtesel lassen sich Münster, Rathaus, Läden und all die schönen Ecken der Altstadt am einfachsten erkunden. Konstanz ist eine fahrradfreundliche Stadt, sodass man auch ausgiebig die Promenaden entlang des Bodenseeufers und des Seerheins entlangradeln kann. An 15 Mietstationen im gesamten Stadtgebiet stehen insgesamt 150 Miet-Bikes zur Verfügung – für die ausgedehnte Shoppingtour gibt's sogar Lastenräder. Die Miete erfolgt online und über die App »Mein Konstanz«, pro halbe Stunde kostet das Ausleihen 1 Euro und bis zu 9 Euro für 24 Stunden. Hier findet man die Standorte und weitere Infos: www.stadtwerke-konstanz.de/mobilitaet/rad-mietsystem.

Im Zentrum von Konstanz liegt der Hafen. Hier legt auch der Katamaran ab.

IM GRÖSSTEN SHOPPINGCENTER am Bodensee, im Lago, wird jeder fündig: In 70 Läden sind sowohl besondere Shops als auch alle bekannten und weniger bekannten Ketten untergebracht. Gut und zentral gelegen beim Bahnhof, ist das Lago auch von der Altstadt aus gut zu Fuß erreichbar. Ein Wohnmobil passt nicht ins Parkhaus, kann aber hinter dem Center am Hafen geparkt werden. Preismäßig ist das Shoppingcenter auf Premium-Niveau … Öffnungszeiten und weitere Informationen unter www.lago-konstanz.de.

NATUR DRUMHERUM

Zunächst einmal wird die Schifffahrt im Raum Konstanz großgeschrieben. Eine **Autofähre**, auf der problemlos auch Wohnmobile transportiert werden können, verbindet die beiden Seeufer und verkehrt 24 Stunden am Tag zwischen Konstanz und Meersburg (siehe Ziel 7). Per **Katamaran** geht's im Stundentakt und in flotten 52 Minuten fast wie im Flug über den See – an den Promenaden der beiden größten Städte Konstanz und Friedrichshafen (siehe Ziel 8) wird angelegt. Auf dem **Linienschiff** steuert man bei einer **Überlinger Seefahrt** mit Abfahrtshafen Konstanz die Ziele Meersburg, Insel Mainau, Pfahlbauten (siehe Ziel 6), Wallfahrtskirche Birnau und Überlingen (siehe Ziel 6) an. Alle Schifffahrten werden vom Unternehmen BSB Die Bodenseeschifffahrt angeboten (siehe »Auf einen Blick«).

Ein Natur-Highlight ist die **Insel Reichenau**, größte und bevölkerungsstärkste Insel im Bodensee und knapp zwei Kilometer vom Nordufer der Bodensee-Ausbuchtung des Untersees entfernt. Außer mit dem Boot erreicht man die Insel, die als UNESCO-Welterbe gelistet ist, über einen Damm. Diesen kann man mit dem Auto und dem Fahrrad befahren oder zu Fuß begehen. Rechts und links vom Damm zieht sich das Naturschutzgebiet **Wollmatinger Ried** mit seiner artenreichen Pflanzen- und Tierwelt entlang. Auf der Insel gibt es einen Campingplatz, der jedoch aufgrund der hohen Zahl an Dauercampern und der beengten Stellplätze für Wohnmobile keine Empfehlung erhält.

Tipp

Beim Campingplatz und mit bestuhltem Außenbereich direkt am Bodensee ist das Ufer-Restaurant Sandseele eine Empfehlung. Die Aussicht ist wunderschön, vor allem zum Sonnenuntergang sehr idyllisch. Das Essen entspricht der Qualität eines Selbstbedienungsrestaurants, es ist jedoch für jeden Geschmack etwas dabei (auch vegetarische Gerichte), und die Portionen sind reichhaltig.

Berühmt ist die Reichenau vor allem für den **Gemüseanbau**. Da die Insel klimatisch besonders gut liegt, ist der Boden sehr fruchtbar. Zeugnis davon geben die zahlreichen Gewächshäuser und schützenden Folientunnel, in denen die Reichenauer Gemüsebauern Tomaten, Gurken und Salat ziehen. Reichenauer Gemüse ist ein Qualitätsmerkmal! 20 Hektar der Fläche werden außerdem für den Anbau von Trauben für besonders süffigen Rot- und Weißwein genutzt. Und schließlich sind die Fischgründe um die Insel herum sehr ergiebig, sodass noch etliche Berufsfischer ihren Standort auf der Insel haben, wo sie vorwiegend Felchen, Hechte und Forellen fangen.

5

Das zweite Standbein der Insel ist der Tourismus. Nicht nur für Übernachtungsgäste, sondern auch für Tagestouristen ist die Reichenau mit ihrer schönen Lage, den kulinarischen und gastronomischen Angeboten und vor allem den Wanderwegen inmitten unberührter Natur ein schönes Ziel. Radfahrer und Fans des Wassersports kommen ebenso auf ihre Kosten wie Sonnenhungrige, die das Strandbad genießen. Vom **Aussichtsturm Hochwart** aus blickt man auf den Bodensee und Konstanz und kann sich so ein Bild aus der Vogelperspektive von der gesamten Umgebung machen. Das ehemalige **Benediktinerkloster**, das 1757 aufgelöst wurde, ist heute das Rathaus der Insel Reichenau, umgeben von dem bis heute liebevoll gepflegten Kräutergärtlein. Ebenso wie die beiden anderen romanischen Kirchen St. Georg und St. Peter und Paul überliefert die aus dem Mittelalter stammende Münsterkirche wertvolle Reliquien. Schriften und Malereien – das ist der Hauptgrund dafür, dass die Insel Reichenau zum UNESCO-Weltkulturerbe ernannt wurde.

Tipp

Wer sich intensiver mit der Klosterinsel beschäftigen möchte, dem sei ein Besuch des Museums Reichenau empfohlen. An mehreren verschiedenen Standorten, in die auch die Kirchen integriert sind, informiert das Museum über die kulturhistorische Bedeutung der Insel: www.museumreichenau.de.

◀ Im Schmetterlingshaus auf der Mainau ▶ UNESCO-Welterbe: Insel Reichenau

Während des Blumenjahres ist die Insel Mainau ein einziges Farbfeuerwerk.

NOCH EINE INSEL: HERRLICHE BLUMENINSEL MAINAU

Sie ist ein Naturerlebnis sondergleichen: die **Insel Mainau** mit ihrer üppigen Vegetation, ein Ganzjahres-Ausflugsziel und eine der berühmtesten Touristenattraktionen am Bodensee. Im Frühjahr verzaubern das Tulpenmeer, im Sommer Rhododendren und duftende Rosen, im Herbst bunte Dahlien und im Winter ein Wintermarkt die Besucher. Das **Blumenjahr**, das von März bis Oktober andauert, startet mit Orchideen, geht über in eine Frühlingsstraße mit tausenden von Tulpen und Narzissen (März bis Mai), dann bringt es mehr als tausend Rosensorten im Sommer (Juni bis September), wovon eine zur Rosenkönigin gewählt wird, und es endet im Herbst mit Dahlien (Ende August bis Oktober), die in 250 Farben am Südhang der Insel ein buntes Feuerwerk entfachen. Im Winter findet von Mitte November bis zum 6. Januar mittwochs bis sonntags von 14 bis 19 Uhr der Wintermarkt »Skandinavischer Winterzauber« statt.

Natürlich macht weit mehr als die genannten Blumen den Reiz der Insel aus, auf der man den Alltag vergessen und so richtig genießen kann. Die Insel Mainau ist ein Fest für alle Sinne. Hobbygärtner und Familien, Erholungssuchende und Naturliebhaber sind gleichermaßen angesprochen vom Angebot der Mainau. Zauberhaft wirkt auch das **Schloss Mainau** mit der **Schlosskirche St. Marien**. Es gibt ein spezielles tägliches Programm, deshalb lohnt sich vorab ein Blick auf die Homepage der Insel (siehe »Auf einen Blick«).

◀ Mainau: die Blumen-Wasser-Treppe ▶ Der Rhein trennt Moderne und Altstadt.

Während sich Kinder auf Schatzsuche begeben, im Bauernhof mit Streichelzoo Ziegen hinter den Ohren kraulen oder sich auf einem der Abenteuerspielplätze austoben, erfreuen sich Erwachsene an Baumriesen und Gehölzen, einer vielfältigen Blütenpracht und liebevollen Pflanzenarrangements. Weitere Highlights sind das exotische **Schmetterlingshaus**, in dem man mit den Faltern auf Tuchfühlung gehen kann, und das **Palmenhaus**, in dem vor allem die Herbstausstellung (Mitte September bis Mitte Oktober) eine Empfehlung ist.
Dank einem umfangreichen gastronomischen Angebot kann – und sollte! – man problemlos einen ganzen Tag auf der Insel verbringen.

Tipp

Ganzjährig von Sonnenauf- bis Sonnenuntergang geöffnet, zahlt man während des Blumenjahres ab 17 Uhr nur den halben Eintrittspreis. Damit spart man nicht nur Geld, sondern erlebt die Insel auch von einer ruhigeren Seite, wenn die meisten Besucher schon wieder weg sind. Im Winter werden Kombi-Tickets mit dem Eintritt der Insel und in die Konstanzer Bodensee-Therme angeboten.

Die Insel Mainau ist autofrei. Das heißt, man parkt auf einem sehr großen Parkplatz (auch für Wohnmobile kein Problem) und marschiert über eine lange Brücke auf die Insel. Den Eintritt entrichtet man beim Parkplatz, wo auch kostenpflichtige Shuttlebusse zur Verfügung stehen. Hunde sind angeleint auf der Insel erlaubt (mit Ausnahme des Schmetterlingshauses). Es werden diverse Führungen mit unterschiedlichen thematischen Schwerpunkten angeboten. Bei der **klassischen Führung** erleben die Besucher alles, was man unbedingt gesehen haben muss: Schloss und Schlosskirche und botanische Kostbarkeiten – nebenbei erfährt man einiges über die Geschichte der Insel und die gräfliche Familie Bernadotte, die auch heute noch darauf lebt.

5

BADESPASS

Neben all der Kultur im Stadtbereich und der Natur drumherum kommt natürlich auch das Badevergnügen nicht zu kurz. Es gibt in den Stadtteilen Litzelstetten, Dingelsdorf und Wallhausen **Strandbäder**, die mit Liegewiesen, Spielplätzen und Restaurants ausgestattet und kostenlos sind. Unentgeltlich ist auch das Strandbad Horn, das die Konstanzer liebevoll »**Hörnle**« nennen und das am Ende der Konstanzer Bucht liegt. Es ist mit einer über 50 000 Quadratmeter großen Liegewiese und 600 Metern Uferlänge nicht nur das größte Strandbad am Bodensee, sondern bietet mit seiner exponierten Lage auch einen tollen Blick auf den Obersee und den Überlinger See. Im Familienbereich stehen ein separates Kinderbecken und ein Spielplatz zur Verfügung, außerdem gibt es Beachvolleyball- und Badmintonplätze, Tischtennisplatten und ein (kostenpflichtiges) Trampolin. Sportlich Ambitionierte können Standup-Paddleboards ausleihen. In einem Kiosk oder im Café Restaurant Hörnle lässt sich der Hunger stillen. Zentrumsnah kann man am **Rheinstrandbad** im Stadtteil Petershausen am Rhein baden – genau gegenüber vom Konzilgebäude und am nördlichen Rheinufer. Es ist etwas Besonderes, im ersten Rheinkilometer Deutschlands das erfrischende (und sehr saubere!) Wasser zu genießen, garniert mit dem Blick auf die gegenüberliegende Altstadt. Für die jüngsten Badegäste gibt es ein Kinderbecken mit einem Sonnensegel.

Baden in ruhigem Gewässer und mit Blick auf die Konstanzer Altstadt

Ganzjährig ist ein Spaziergang auf der Strandpromenade ein schönes Erlebnis.

SCHÖNSTE IMPRESSIONEN vom Bodensee und Blicke auf die Konstanzer Altstadt, den Hafen und auf die Imperia bietet ein Spaziergang in beliebiger Länge an der Strandpromenade entlang. Startpunkt ist die Alte Rheinbrücke über den Seerhein, die die Stadtteile Niederburg (Altstadt) und Petershausen miteinander verbindet. Von hier aus geht es an der Seestraße entlang Richtung Osten bis zum Jachthafen, danach auf einem reinen Fußgängerweg (Hörnle Uferspaziergang) immer nah am Ufer entlang mit einigen Strandabschnitten, bei denen man ins Wasser kann. Der komplette einfache Weg bis zum Strandbad Hörnle beträgt 3 Kilometer. Wer den Weg nicht zurückmarschieren möchte, kann vom Strandbad aus (eigene Haltestelle) mit der Buslinie 5 zurück in die Altstadt fahren.

Tipp

Östlich der Alten Rheinbrücke und des Startpunktes des Uferwanderwegs lädt das Constanzer Wirtshaus zu einer Einkehr entweder zur Stärkung vor dem Marsch oder hinterher ein. Mit einem fantastisch gelegenen Biergarten und einer Terrasse direkt am Rheinufer mit Blick auf die Altstadt gibt es leckere Hausmannskost. Auch das Ambiente im Inneren, eine gelungene Mischung aus Brauhaus-Atmosphäre und Moderne, kann sich sehen lassen. Das hausgebraute Bier ist köstlich (www.constanzer-wirtshaus.de)!

AUF EINEN BLICK

Info

STADT/REGION: Konstanz/Landkreis Konstanz
BESTE REISEZEIT: April–Oktober
OPTIMALE REISEDAUER: 2–3 Tage
TOURISTINFO: Touristinformation Konstanz, Bahnhofplatz 43, 78462 Konstanz, Tel. 07531/13 30 30, kontakt@konstanz-info.com, www.konstanz-info.com

SEHENSWÜRDIGKEITEN

KONZILGEBÄUDE: Hafenstraße 2, 78462 Konstanz, konzil-konstanz.de
MÜNSTER UNSERER LIEBEN FRAU: Münsterplatz 1, 78462 Konstanz, Tel. 07531/906 20
RATHAUS: Kanzleistraße 13/15, 78462 Konstanz, Tel. 07531/90 00
HUS-MUSEUM: Hussenstraße 64, 78462 Konstanz, Tel. 07531/290 42
ROSGARTENMUSEUM: Rosgartenstraße 3–5, 78462 Konstanz, Tel. 07351/900 22 45, rosgartenmuseum@konstanz.de, www.rosgartenmuseum.de
SEA LIFE: Hafenstraße 9, 78462 Konstanz, Tel. 0180/66 69 01 01, slc.konstanz@sealife.de, www.visitsealife.com/de/konstanz
BSB DIE BODENSEESCHIFFFAHRT KONSTANZ: Hafenstraße 6, 78462 Konstanz, Tel. 07351/364 00, info@bsb.de, www.bsb.de

◀ Der Mainau-Parkplatz für Wohnmobile ▶ Rosengarten und Palmenhaus

AUF EINEN BLICK

INSEL MAINAU: Mainau GmbH, 78465 Insel Mainau,
Tel. 07531/30 30, info@mainau.de, www.mainau.de
STRANDBAD HORN: Eichhornstraße 100, 78464 Konstanz,
Tel. 07531/635 50
RHEINSTRANDBAD: Spanierstraße 7, 78467 Konstanz,
Tel. 07531/94 23 99 22, rheinstrandbad@konstanzer-baeder.de

CAMPING SEEPARK FLIESSHORN

ADRESSE: Am Fließhorn 1, 78465 Konstanz, Tel. 07533/52 62, info@fliesshorn.de, www.fliesshorn.de
ANFAHRT: Aus Richtung Konstanzer Altstadt über die Litzelstetter Straße gen Norden fahren, nach einem Kreisverkehr ist Litzelstetten erreicht, am Ortsausgang der Abzweigung nach rechts in die Straße Buchhaldenhof folgen, dann durch ländliches Gebiet und über die Straße Am Fließhorn bis zum Campingplatz (rechterhand).
GPS: 47.734149, 9.172658
Gut ausgestatteter Platz mitten in der Natur und direkt am Bodenseeufer mit Stellplätzen am Wasser. Eigener Badestrand, kleiner Laden mit Dingen für den täglichen Bedarf und Brötchen am Morgen, thailändisches Restaurant am Platz, münzbetriebene, saubere und moderne Duschen. Die Stellplätze verteilen sich zwischen den Plätzen für Dauercamper. Ruhiger und mit viel Privatsphäre stehen Wohnmobile auf einer kleinen Wiese am Sanitärgebäude. Gut geeignet für einen längeren Aufenthalt. Die Altstadt von Konstanz ist etwa 15 Kilometer entfernt, der Parkplatz der Insel Mainau nur etwa 5 Kilometer. Alles auch gut mit dem Fahrrad oder dem (in der Kurtaxe inbegriffenen) Bus erreichbar.

◀ Blumenarrangements ▶ Wiese auf dem Camping Seepark Fließhorn

Direkt an der Altstadt liegt der Stellplatz Döbele – mit Parkplatz-Flair.

STELLPLATZ DOBELE

ADRESSE: Grenzbachstraße (Dobeleplatz), 78462 Konstanz, Tel. 01805/13 30 30

ANFAHRT: Am Bahnhof vorbei bis Bahnhofplatz, dann rechts auf die Bodanstraße, dieser folgen bis zur Kreuzung mit der Straße Obere Laube, auf diese nach links abbiegen, der Parkplatz befindet sich gleich rechterhand.

GPS: 47.658487, 9.168811

Charmant ist er nicht, der große Parkplatz, von dem auch die Fernbusse abfahren und an dem sich direkt an der viel befahrenen Straße etwas abgetrennt 12 Stellplätze befinden. Allerdings wird es nachts deutlich ruhiger, und es ist die einzige Möglichkeit, im Wohnmobil nur einen Steinwurf von der Altstadt entfernt zu übernachten und das Wohnmobil für alle Besichtigungen stehen lassen zu können. Öffentlich zugängliche Toiletten, kein Strom, aber Ver- und Entsorgung sowie Frischwasser. Bezahlt wird am Parkscheinautomaten.

Tipp

Hervorragend und mit sensationeller Aussicht kann man in der obersten Etage und auf der Dachterrasse des Hotels VIVA Sky frühstücken. Auch Nicht-Hotelgäste dürfen sich für 15 Euro pro Person am reichhaltigen Frühstücksbüfett bedienen und dabei den herrlichen Blick auf Stadt, Hafen, Imperia und Bodensee genießen. Das Hotel ist nur wenige Schritte vom Stellplatz entfernt.

MITTELALTERLICHE KURSTADT

Mediterranes Überlingen und Umgebung

Wasser, Boot und Palmen – Mittelmeer-Feeling in Überlingen

6

Den mediterranen Touch erhält Überlingen durch die längste Uferpromenade des Sees, die von Palmen und Blumenbeeten gesäumt ist. Überlingen ist gleichzeitig Ausgangspunkt für einige Top-Sehenswürdigkeiten des Bodensees wie zum Beispiel die berühmten Pfahlbauten im benachbarten Unteruhldingen.

Überlingen liegt am nördlichen Bodenseeufer zwischen Bodman-Ludwigshafen und Sipplingen im Nordwesten und Meersburg im Südosten. Um den Ort herum ist einiges geboten – neben dem Pfahlbaumuseum sind es das Schloss Salem, der Affenberg Salem und diverse Aussichtspunkte, die von Überlingen aus gut erreichbar sind. Ein Wohnmobilstellplatz in der Stadt und der Campingplatz Salem sind gute Basisstationen für den Besuch dieser Sehenswürdigkeiten.

SIGHTSEEING IN ÜBERLINGEN

Dominant ragt ein besonderer Kirchturm aus der Altstadt-Szenerie – es ist der des weithin sichtbaren **Münsters St. Nikolaus.** Die fünfschiffige Basilika ist die Stadtpfarrkirche von Überlingen. Sie wurde zwischen 1350 und 1576 errichtet. Das Highlight des spätgotischen sakralen Bauwerks ist der viergeschossige Hochaltar, ein Schnitzaltar des Überlingers Jörg Zürn, an dem er drei Jahre lang von 1613 bis 1616 gearbeitet hat. Mit zehn Metern Höhe und fünf Metern Breite gehört dieses Kunstwerk zu den größten mittelalterlichen Schnitzaltären in Deutschland.
Direkt an das Münster grenzt das **Rathaus** aus dem 15. Jahrhundert mit seinem sehenswerten Rathaussaal. Nicht nur das Bauwerk selbst ist imposant, sondern vor allem seine geschnitzten Blendarkaden, die 41 Ständestatuetten und die leicht gewölbte, holzverkleidete Decke.
Noch mehr historische Kulisse findet man in der **Altstadt** mit ihren verwinkelten Gassen, in denen man auf kleine Läden, Boutiquen, Ateliers und Geschäfte stößt. Die malerische **Münsterstraße** ist die **Fußgängerzone** Überlingens und lädt zum Schaufensterbummel ein. Das **Franziskanertor** und der **Rosenobelturm** nahe dem heutigen Bahnhof sind Relikte der mittelalterlichen Stadtbefestigung, ebenso der **St.-Johann- und der Gallenturm** im Stadtgraben. Das gut erhaltene Fachwerkensemble **Gunzoburg** wacht über den mittelalterlichen Kleinoden. Es ist keine

Einen Kaffee an der Seepromenade mit Blick auf den Landungsplatz genießen.

Burg im herkömmlichen Sinne, sondern ein Patrizierhaus, laut Inschrift am Hauseingang die einstige Residenz des Herzogs Gunzo im Jahre 641. Pause nach diesem eindrucksvollen Sightseeing macht man am besten bei einem Cappuccino mit Blick auf den Bodensee. Hierzu ist die **Seepromenade** mit dem Landungsplatz im Zentrum bestens geeignet. Westlich davon mündet die Promenade in den Kurgarten und führt zur Bodenseetherme. In der anderen Richtung passiert man die mittelalterliche **Greth**, ein ehemaliger Warenkontor, der heute eine Markthalle ist mit Restaurants, Läden und einem Kino. Weiter geht es vorbei am **Mantel-, Jacht- und Sportboothafen**, und schließlich endet der Uferweg im **Strandbad von Nußdorf**.

6

IM GEGENSATZ zur stets gute besuchten Seepromenade findet man auf dem Gartenkulturpfad viele ruhige Ecken zum Genießen. Auf 4 Kilometern geht es einmal um die Altstadt von Überlingen, wobei der Weg die schönsten Parks und Gärten miteinander verbindet. Startpunkt ist der Eingang des Badgartens, von wo aus wir über die Stufen zum Bodensee gelangen. Es folgt ein Stück entlang der Promenade, dann über die Bahnhofstraße zum Hotel Stadtgarten, vor dem es nach rechts geht. Weithin sichtbar ist die Teufelstreppe, vor der wir in den Stadtgarten abbiegen. Wer einen Abstecher zum Oberen Stadtgarten einbaut, wird mit einem Panoramablick auf den Überlinger See und die Altstadt Überlingens belohnt. Dann folgt man dem Fuchsienweg bis zum Gallergraben, der Teil der Stadtbefestigung ist. Dieser geht über in den Scheerengraben. Entlang eines Bächleins geht es durch den Wagsautergraben. Wir marschieren schließlich zum Friedhof, den wir durch den Haupteingang Richtung Bahnhof verlassen. Diesen passieren wir und steigen an der linken Seite des Bahnhofskiosks Treppen in den Nellenbachgraben hinauf, entlang dem wir wieder von einem Bach begleitet werden. Am Weinhaus Renker verlassen wir den Stadtgraben und nehmen Kurs auf die Altstadt und dort speziell auf den Garten des Städtischen Museums – Ausblick auf Stadt und See inklusive. Oberhalb der Menzinger Gärten geht es Richtung Seepromenade und über diese, vorbei am Mantelhafen, zurück zum Ausgangspunkt.

2021 fand in Überlingen die erste **Landesgartenschau** am Bodensee statt. Hierfür wurden bereits existierende Grünanlangen wie der **Untere Stadtgarten** und der **Obere Stadtgarten** in das Ausstellungsgelände integriert. Manche Bereiche waren zuvor für die Öffentlichkeit nicht zugänglich. Die Rosenobelgärten, Menzinger Gärten, Villengärten, die ehemalige Kapuzinerkirche und der Uferpark wurden durch gärtnerische, kulturelle und floristische Gestaltungen aufgewertet. Auch nach offizieller Beendigung der Gartenschau bleiben diese Anlagen ohne Eintrittsgebühren bestehen und können besucht werden – das einzige, das entfällt, sind

6

die Veranstaltungen und die zugehörigen Pavillons. Auch die drei eigens für die Gartenschau angelegten, sehr schönen Spielplätze bleiben erhalten. Ein **Aussichtspavillon** auf einem Felssporn gewährt Blicke über den Überlinger See, die Altstadt von Überlingen, den Obersee und die Alpen im Hintergrund.

Werfen wir noch einen Blick auf die Indoor-Sehenswürdigkeiten Überlingens: Da gibt es vor allem den ebenso düsteren wie interessanten **Goldbacher Stollen**, in dem die Geschichte des Dritten Reichs aufgearbeitet wird. Denn die Stollenanlage wurde von Häftlingen aus dem KZ Dachau gebaut, um die durch Bombenangriffe zerstörten Friedrichshafener Rüstungsbetriebe bei Angriffen in diesem drei Kilometer langen Felsstollen unterzubringen. Zusammen mit dem KZ-Friedhof Birnau bildet der Goldbacher Stollen eine Dokumentationsstätte. Es werden Führungen durch den Stollen angeboten, die an jedem ersten Freitag im Monat um 17 Uhr stattfinden, etwa zwei Stunden dauern und das ganze Jahr über angeboten werden. Ebenfalls in die Vergangenheit reist man im **Überlinger Stadtmuseum**. Schon das malerische Patrizierhaus, in dem das Museum untergebracht ist, versprüht den historischen Charme vergangener Tage. Eine Puppenstuben-Sammlung, archäologische und kulturhistorische Exponate, die teilweise aus der Steinzeit stammen, Kuriositäten sowie regionale Kunst zählen zu den Sammlungen der Ausstellung. Vom Museumsgarten aus blickt man schön auf die Überlinger Altstadt.

Der Hafen befindet sich am Ende der Seepromenade.

◀ Die Wallfahrtskirche Basilika Birnau ▶ Abendimpressionen bei Birnau

Auch zu Wasser hat Überlingen mit seiner günstigen Lage einiges zu bieten. Der **Schifffahrtsbetrieb Held** beispielsweise schippert mit den beiden Schiffen MS Gunzo und MS Milan zu Zielen rund um Überlingen (Konstanz, Mainau, Stein am Rhein ...). Daneben werden zahlreiche Themen- und Sonderfahrten angeboten. Eine besondere Empfehlung ist die tägliche Panoramarundfahrt auf dem Überlinger See von Überlingen aus zur Insel Mainau, dann nach Unteruhldingen, zur Wallfahrtskirche Birnau und zurück nach Überlingen. Die Fahrt dauert eineinviertel Stunden, und der Kapitän informiert unterwegs seine Fahrgäste über diesen Teil des Bodensees. Romantische Abendfahrten, Ausflüge in die Schweiz und Dreiländerfahrten komplettieren das Angebot.
Nur ein kurzer Ausflug von der Stadt aus ist es zur **Basilika Birnau**, einer barocken Wallfahrtskirche direkt am Bodensee. Außen im schicken Barockstil, innen im prächtigen Rokoko, ist das katholische Gotteshaus eine Augenweide mit den Deckengemälden, Fresken, Skulpturen und den zahlreichen aufwendig gearbeiteten Uhren, von denen sich drei im Inneren und vier an den Turmseiten der Basilika befinden. Auf die vielen interessanten Details werden Besucher im Rahmen von Führungen hingewiesen. Diese werden von montags bis samstags angeboten. Eine Voranmeldung unter der E-Mail-Adresse fuehrungen@birnau.de ist nötig.
In unmittelbarer Nähe zur Basilika befindet sich der **KZ-Friedhof Birnau**. Hier wurden 1946 auf Befehl der französischen Militärregierung 97 namenlose Zwangsarbeiter beigesetzt, die im oben beschriebenen Stollen in Überlingen hatten arbeiten müssen. Es ist ein Ort der Besinnung auf die Vergangenheit. Das Wohnmobil lässt man am besten bei der Basilika stehen, von wo ein Fußweg zum Friedhof führt.

6

BERÜHMTE ATTRAKTION

Ein Bodenseetrip ohne einen Besuch der **Pfahlbauten** in **Unteruhldingen-Mühlhofen**, sieben Kilometer östlich von Überlingen, ist undenkbar. Die Attraktion ist eine rekonstruierte Siedlung von Pfahlbauten direkt am beziehungsweise im Bodensee, die aus der Stein- und Bronzezeit stammt (4000 bis 850 v. Chr.). Das Freilichtmuseum ist eines des größten Europas mit einem angeschlossenen wissenschaftlichen Forschungsinstitut.

Neben den 23 nachgebauten Pfahlbauten, die man im Rahmen einer sehr lohnenswerten Führung zum Teil von innen besichtigen kann, gibt es zwei Museumsgebäude. Hier ist unter anderem die neue Multimediashow ARCHAEORAMA zu sehen. Ansprechend animiert, entführt eine 360-Grad-Darstellung die Besucher in die Unterwasserwelt. Die Sonderausstellung »Das Erbe der Pfahlbauer« zeigt Originalfunde aus den einstigen Pfahlbauten. Das archäologische Museum existiert bereits seit fast 100 Jahren – in dieser Zeit wurde es mehrfach ausgebaut. Nach und nach entstanden die Nachbauten der verschiedenen Häuser, die in Gruppen am Uferbereich errichtet sind.

Eine Attraktion des Bodensees: die Pfahlbauten in Unteruhldingen-Mühlhofen

Hier sieht man gut, wie die Hütten auf Pfählen inmitten des Sees stehen.

Ein **Rundgang** startet mit der oben genannten Multimediashow, dann öffnet sich der Zugang ins Freie, und die Führung beginnt. Über Holzstege geht es zu den einzelnen Pfahlhäusern, wo man erfährt, wie die Menschen früher hier am Bodensee gelebt haben. Die Hütten sind detailgetreu nachgebildet und eingerichtet; die Utensilien und Gerätschaften werden in die Führung einbezogen. Es werden die Werkstätten des Töpfers, das Haus der Hirten oder des Dorfoberhauptes besucht.
Einen halben Kilometer südlich des Pfahlbaumuseums liegt das **Pfahlbaufeld Unteruhldingen-Seewiesen**, das seit 2011 zum UNESCO-Welterbe zählt. Regelmäßige Veranstaltungen zu einem Motto, unter dem die Pfahlbauten meist das ganze Jahr stehen, runden einen Besuch ab. Bei Sonderprogrammen wie dem ARCHAE-X-Tag begrüßen Schauspieler im historischen Gewand die Besucher und entführen diese in die frühzeitliche Welt.

Tipp

Für Familien mit Kindern ist der Steinzeitparcours ein besonderer Leckerbissen. Hier sind alle zum Mitmachen und Ausprobieren eingeladen – Kinder und Erwachsene dürfen mit Steinbohrern hantieren, Karren mit Holzrädern schieben, über einen Barfußpfad wandeln und eine Holzstraße bauen. Mitarbeiter zeigen faszinierende Techniken wie beispielsweise das Feuermachen mit Zunder und Pyrit – ganz ohne Streichhölzer. Der Steinzeitparcours wird immer in den Ferien angeboten.

◀ Hautnaher Kontakt beim Affenberg Salem ▶ Eine Brutkolonie Weißstörche gehört auch zur Anlage. ▼ Schloss Salem ist ein ehemaliges Kloster.

TIERISCH GUT

Fast genauso berühmt wie die Pfahlbauten ist der Affenberg Salem. Zwischen Überlingen und Uhldingen-Mühlhofen und etwas im Hinterland gelegen, ist Deutschlands größtes Affenfreigehege nicht nur ein Ziel für Familien mit Kindern. Auf einem über 20 Hektar großen Gelände tummeln sich 200 Berberaffen, die sich frei bewegen können. Den Besuchern füttern die vorwitzigen Kerlchen Popcorn aus der Hand – es ist am Eingang kostenlos erhältlich und darf an die Affen verfüttert werden. Man kommt den Affen also recht nah, aber sollte immer Vorsicht walten lassen. Schnell ist mal was stibitzt, was die Äffchen nicht bekommen sollten. Personal ist auf dem Gelände verteilt und schaut sicherheitshalber nach dem Rechten. Die Mitarbeiter geben auch Auskunft und beantworten Fragen. Mehrmals täglich finden informative Führungen statt. An der Kasse kann man sich außerdem über die Fütterungszeiten informieren.

Die Anlage ist tiergerecht gestaltet und ähnelt klimatisch der Heimat der Berberaffen. Deshalb fühlen die Tiere sich sichtlich wohl. Zudem stellt der Affenberg einen wertvollen Bestand dar, da Berberaffen eine stark gefährdete Art sind. Ab Mai werden sehr zur Freude vor allem der jüngeren Besucher die Babys geboren.

Zur Anlage gehören außerdem eine freifliegende Brutkolonie Weißstörche, ein Weiher mit Aussichtsplattform, eine Damwildherde und eine Schenke mit Biergarten. Kinder können sich außerdem auf einem Abenteuerspielplatz austoben – in Sichtweite des Biergartens.

DAS SCHLOSS ZUM BERG

Gleichnamig und ebenfalls unbedingt einen Besuch wert ist das Schloss Salem, knapp fünf Kilometer vom Affenberg entfernt und eingebettet in die malerische Landschaft des Linzgaus. Hervorgegangen ist das heutige Schloss aus einem Zisterzienserkloster, das im Zuge der Säkularisierung zum Schloss der Markgrafen von Baden wurde. Seit 2009 zählt es zu den Staatlichen Schlössern und Gärten Baden-Württembergs und zählt zu den schönsten Kulturdenkmälern am Bodensee.

Die Zisterzienser hatten sowohl Geschmack als auch Geld – noch heute zeugen Architektur und Ausstattung von beidem. Auf einem 17 Hektar großen Gelände präsentieren sich Architekturschätze aus sieben Jahrhunderten. Im Münster und dem ehemaligen Konventsgebäude verbindet sich gotische Eleganz mit barocker Pracht. Das gotische Münster wirkt außen schlicht und streng, der Innenraum jedoch fasziniert mit dem Alabaster-Schmuck aus dem Frühklassizismus. Diese Bauwerke sowie den alten Kreuzgang mit dem Bernhardusgang, den ehemaligen Speisesaal der Mönche mit barocken Gemälden und Skulpturen kann man im Rahmen einer Führung bewundern.

Überhaupt werden neben den täglichen, regulären Touren durch das Schloss ab Ostern bis zum Ende des Jahres jede Menge Sonderführungen und -veranstaltungen sowie Themenführungen, Erlebnistage, Konzerte und Ausstellungen angeboten. Ein Blick auf das Jahresprogramm auf der Homepage lohnt sich!

Der Außenbereich von Schloss Salem steht dem Inneren in Sachen Schönheit in nichts nach. Der prachtvolle Schlosspark, die Obstgärten und umgebenden Weinberge verleihen dem Umfeld des Schlosses zusätzlich Reiz. Das Schloss beherbergt außerdem das Weingut Markgraf von Baden, ein Feuerwehrmuseum, ein Brennerei- und Küfereimuseum sowie ein Kunsthandwerkerdorf. Ein Ausflug hier herauf beansprucht also durchaus einen ganzen Tag.

Am Schloss Salem startet die erlebnisreiche Wanderung.

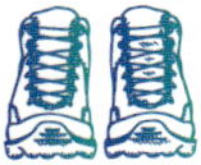

10 KILOMETER und drei Stunden lang ist die Tour Schloss Salem–Affenberg–Unteruhldingen, bei der man alle Sehenswürdigkeiten zu Fuß abmarschieren kann. Startpunkt ist die Bushaltestelle des Schlosses Salem, wohin uns am Ende der Tour der ErlebnisBus auch wieder zurückbringt. Nach der Umfassungsmauer des Schlosses und Überqueren der Aachbrücke folgen wir der Ausschilderung Prälatenweg (gelbe Schilder mit blauem Balken und Beschriftung »Prälatenweg«). Bei der Kreuzung Polenkreuz rechts halten, kurz später einen schönen Ausblick genießen, und dann geht's in ein Waldstück hinein, wo man nach etwa 250 Metern links abbiegt und den sogenannten Bühl Richtung Affenberg umrundet.
Nach dem Affenberg und nach Überqueren der Kreisstraße wandert man bergauf und anschließend wieder hinab bis zum Hofgut Birnau und weiter bis zum Kloster Birnau. Anschließend vorbei am Schloss Maurach, über die Bahngleise hinweg und bis nach Obermaurach gehen. Durch das Naturschutzgebiet Seefelder Aach erreichen wir Seefelden und schließlich Unteruhldingen, wo man zum Freilichtmuseum gelangt. Hier gibt es die Haltestelle Hafen des ErlebnisBus 1, der die Wanderer zurück zum Schloss Salem bringt.

AUF EINEN BLICK

Info

STADT/REGION: Überlingen/Bodenseekreis
BESTE REISEZEIT: März–November
OPTIMALE REISEDAUER: 2–3 Tage
TOURISTINFO: Überlingen Marketing und Tourismus GmbH, Landungsplatz 3–5, 88662 Überlingen, Tel. 07551/947 15 22, info@ueberlingen-bodensee.de, www.ueberlingen-bodensee.de/Service/Tourist-Information

SEHENSWÜRDIGKEITEN

MÜNSTER ST. NIKOLAUS: Münsterplatz 1, 88662 Überlingen, Tel. 07551/927 20

BODENSEETHERME: Bahnhofstraße 27, 88662 Überlingen, Tel. 07551/301 99 30, info@bodensee-therme.de, www.bodensee-therme.de

ÜBERLINGER STADTGARTEN: Unterer Stadtgarten: Auf dem Stein, 88662 Überlingen, Oberer Stadtgarten: Kneippweg 1, 88662 Überlingen

GOLDBACHER STOLLEN: Obere Bahnhofstraße 30, 88662 Überlingen, Tel. 07551/619 64, info@stollen-ueberlingen.de, www.stollen-ueberlingen.de

STÄDTISCHES MUSEUM ÜBERLINGEN: Krummbergstraße 30, 88662 Überlingen, Tel. 07551/99 10 79, www.museum-ueberlingen.de

SCHIFFFAHRTSBETRIEB HELD: Anlegestelle: Landungsplatz 2A, 88662 Überlingen, Tel. 07551/604 78, info@gunzo.de, www.gunzo.de

◀ Herausragend: das Münster ▶ Mantel-, Jacht- und Sportboothafen

AUF EINEN BLICK

BASILIKA BIRNAU: Maurach 5, 88690 Uhldingen-Mühlhofen, www.birnau.de
KZ-FRIEDHOF BIRNAU: An der B31, 88690 Uhldingen-Mühlhofen
PFAHLBAUMUSEUM UNTERUHLDINGEN: Strandpromenade 6, 88690 Uhldingen-Mühlhofen, Tel. 07556/92 89 00, mail@pfahlbauten.de, www.pfahlbauten.de
AFFENBERG SALEM: Mendlishausen GmbH, Mendlishauser Hof, 88682 Salem, Tel. 07553/381, info@affenberg-salem.de, www.affenberg-salem.de
SCHLOSS SALEM: Staatliche Schlösser und Gärten Baden-Württemberg, Schlossverwaltung Salem, 88682 Salem, Tel. 07553/916 53 36, schloss@salem.de, www.salem.de

REISEMOBILHAFEN ÜBERLINGEN

ADRESSE: Kurt-Hahn-Straße 1, 88662 Überlingen, Tel. 07551/947 15 22, info@ueberlingen-bodensee.de, www.ueberlingen-bodensee.de/Uebernachten/Reisemobilhafen
ANFAHRT: Über die B31 nach Überlingen fahren und dieser nach einem Linksbogen bis zur Ausfahrt Richtung Stockach/Bonndorf/Überlingen-Aufkirch/Stuttgart/Singen folgen. Hier abfahren und gleich darauf links auf Aufkircher Straße bis zum Kreisverkehr, von diesem die erste Ausfahrt (Kurt-Hahn-Straße) nehmen.
GPS: 47.776197, 9.148390
Bei einem großen Edeka-Center und einem P&R Parkplatz gelegen, zweckmäßig, aber sehr gepflegt, teilweise mit Schatten und Stellplätze an Wiese grenzend. Praktische Lage am östlichen Ortsausgang von Überlingen. Stellplätze für 42 Wohnmobile auf Parkplatzuntergrund mit kostenpflichtigem Strom, Frischwasser und WC-Benutzung (jeweils 50 Cent), Ver- und Entsorgung kostenlos. Die Gebühr muss man mit Münzen in einem Automaten entrichten (genügend Kleingeld dabeihaben!). Die Anmeldung erfolgt in einem Bioladen an der nächsten Ecke. Eine Gästekarte mit unter anderem einem kostenlosen Busticket in die Stadt ist in der Gebühr enthalten.

▲ Gepflegt und funktional: Reisemobilhafen Überlingen ◀ Kakteen im unteren Stadtgarten ▶ Zutrauliche Berberaffen auf dem Affenberg

CAMPINGHOF SALEM

ADRESSE: Weildorfer Straße 46, 88682 Salem/Neufrach, Tel. 07553/82 96 95, info@campinghof-salem.de, www.campinghof-salem.de

ANFAHRT: Über die B31 nach Oberuhldingen fahren, dann über Bahnhofstraße, Hauptstraße und Bodenseestraße (L201) bis Salem. Am Kreisverkehr zweite Ausfahrt auf Heiligenbergstraße und an der nächsten Kreuzung nach rechts auf Deggenhauser Straße fahren. Im nächsten Kreisverkehr erste Ausfahrt rechts, zum Campingplatz geht es danach nach links.

GPS: 47.770200, 9.308498

Schöner Platz mit geräumigen Rasenstellplätzen. Gute Ausstattung: Waschmaschine, Trockner, Billardraum, preiswertes Restaurant und Bar, Spielplatz und natürlich alle Versorgungsmöglichkeiten. Außerdem werden diverse Veranstaltungen angeboten (zum Beispiel Bogenschießen). Dadurch auch für längere Aufenthalte gut geeignet. Knapp 10 Kilometer bis zum Bodensee und gute Ausgangslage für Wanderungen, Radtouren und zu den Sehenswürdigkeiten Schloss Salem und Affenberg. Saubere Sanitäranlagen, sehr nette Betreiberfamilie und eine mit langen Tischen und Bänken ausgestattete Veranda bei der Rezeption. Sehr naturnahe Lage.

KLEINER, TRAUMHAFT SCHÖNER ORT

Viel geboten in Meersburg und Umgebung

Umgeben von Weinbergen liegt das traumhaft schöne Städtchen Meersburg.

7

Kleine Stadt ganz groß – mit gerade einmal 6000 Einwohnern ist der mittelalterliche Ort Meersburg wahrlich keine Großstadt, kann sich mit seinen zahlreichen Sehenswürdigkeiten, dem besonderen Klima, den vielen Museen und dem Mittelalter-Flair aber durchaus sehen lassen. Und auch drumherum gibt es viel zu erleben.

Meersburg mit seiner alles überragenden, malerischen Burg, der schicken Fachwerk-Altstadt, dem barocken Einschlag und dem Fährhafen ist schon alleine einen Ausflug wert. Wenn man noch das stolz am Seeufer platzierte Kloster Birnau (siehe auch Ziel 6) besuchen und vom Aussichtsturm Gehrenberg einen sagenhaften Blick über den Bodensee genießen will, hat man ein Wochenende sehr intensiv genutzt.

ROMANTISCHES MEERSBURG

Die Lage an einem Rebhang direkt über dem Bodenseeufer plus die historischen Bauten lassen einen ganz und gar vergessen, dass man in Deutschland und nicht am Mittelmeer ist. Von Weitem blickt man auf die mittelalterliche Burganlage, die das Stadtbild prägt. Diese ist sehr dominant und verdient besondere Aufmerksamkeit: Die **Burg Meersburg**, auch Alte Burg oder Altes Schloss genannt, ist die älteste bewohnte Burg Deutschlands. Sie ist das Wahrzeichen des Bodenseestädtchens und diente vom 16. bis Mitte des 18. Jahrhunderts als Residenz der Bischöfe von Konstanz. Im Burgmuseum sind mehr als 30 Räume und Säle möbliert beziehungsweise originalgetreu eingerichtet und erlauben eine Zeitreise ins Mittelalter – beim Rundgang streift man durch die Burgküche mit Backstube, den Palas, die Wachstube (Dürnitz), und man landet sogar in der unheimlichen Folterkammer. Detailreich wird das Burgleben nachgestellt, ein Erlebnis für jedes Alter.

Die Burg wurde nie zerstört, deshalb war es möglich, dass sie nahtlos bewohnt wurde. Im Laufe der Jahrhunderte kam so mancher Anbau dazu, und damit vereint die Burg auch unterschiedliche Stilrichtungen. Als modernster Anbau gelten das barocke Treppenhaus und das Burg-Café. Im krassen Gegensatz dazu steht die Nordbastion mit dem imposanten megalithischen Mauerwerk. Zum Träumen lädt der abgeschiedene Burggarten ein! Man kann die Räume sowohl selbstständig anschauen, als auch im Rahmen einer von mehreren Themenführungen. Diese dauern etwa 20 Minuten und drehen sich beispielsweise um Essen und Trinken im Mittelalter, über Ritter, oder es kann auch mal die Besteigung eines Burgturms mit Aussicht sein. Von November bis März sind Führungen nur für Gruppen möglich. Übrigens wohnte die Schriftstellerin Annette von Droste-Hülshoff von 1846 bis 1848 auf der Burg. Das waren zwar nur zwei Jahre, dennoch steht ihr Arbeits- und Sterbezimmer den Besuchern ebenfalls offen.

Zur Burg gelangt man über die Oberstadt. Diese bildet mit der Unterstadt die historische Altstadt von Meersburg mit den beiden Stadttoren, der Burg und dem Neuen Schloss sowie dem Hafen. Die Oberstadt ist geprägt von malerischen Gässchen und romantischen Winkeln. Außerdem laden viele Restaurants zur Einkehr ein. Über eine steile Straße, die Steigstraße mit kleinen Läden, Restaurants und historischen Hausfassaden, geht es hinab in die Unterstadt und zu den Schiffsanlegestellen.

Das Neue Schloss von Meersburg steht seinem betagten Pendant in Sachen Attraktivität in nichts nach. Auch dieses prachtvolle Bauwerk in barocker Architektur liegt oberhalb des Bodensees mit traumhaftem Blick. Die Konstanzer Fürstbischöfe ließen es im 18. Jahrhundert errichten, weil ihnen die Mittelalterburg nicht mehr gut genug war. Nach der Säkularisierung ging es in den Besitz des Landes Baden über und wurde in der Folgezeit für unterschiedliche Zwecke genutzt: Es diente bereits als Kaserne, Gefängnis, Seemannsschule und Taubstummenanstalt.

2012 wurde das Neue Schloss fertig restauriert und erstrahlt jetzt im Glanze vergangener Zeiten. In der Beletage beleuchtet eine Ausstellung die Wohn- und Lebenskultur der Fürstbischöfe. Faszinierend sind die reich mit Stuck und Malereien versehenen Wände und Decken, das monumentale Treppenhaus, aber auch die barocke Außenfassade. Man kann das Schloss selbstständig und/oder mit einem Audioguide erkunden oder an einer Führung teilnehmen. Es gibt auch spezielle Audioguides für Kinder. Der spektakuläre Blick von der Gartenterrasse aus ist das Sahnehäubchen eines Schlossbesuches.

Meersburg gilt als Museumsstadt. Und das ist eigentlich schon ein Wochenendprogramm für sich, denn thematisch bleiben keine Wünsche offen – sei es die Reise ins Mittelalter, der Besuch bei Annette von Droste-Hülshoff oder das Wein-Museum.

▲ Die Mittelalterburg über der Altstadt ▼ Im Kontrast aazu das Neue Schloss

Das Neue Schloss thront über dem Bodensee und bietet einen tollen Blick.

Das moderne **vineum bodensee** wurde erst 2016 eröffnet und präsentiert seinem Publikum alles Wichtige über Wein sowie dessen Kultur und Geschichte. Die Ausstellung in einem schönen historischen Gebäude dreht sich um den Weinanbau weltweit und um Besonderheiten am Bodensee, über Trinkkultur, Etiketten und Sorten. Interaktive Elemente gibt es ebenfalls, wie beispielsweise das Riechen an Amphoren. Originell ist die Verköstigung aus dem Weinprobenautomaten. Führungen finden jeden Sonn- und Feiertag um 15 Uhr und von April bis Oktober zusätzlich um 11 Uhr statt. Über spezielle Themenführungen kann man sich auf der Homepage informieren.
Besondere Aufmerksamkeit an diesem Ort gilt natürlich der Schriftstellerin Annette von Droste-Hülshoff. Das über dem See gelegene **Fürstenhäusle** mit sagenhaftem Blick, das die Dichterin 1843 als persönliches Refugium gekauft hat, beherbergt heute ein Museum mit Bildern, Büchern sowie Originalhandschriften und persönlichen Erinnerungsstücken Droste-Hülshoffs. Die **Galerie Bodenseekreis** im Roten Haus am Schlossplatz zeigt in einem schicken Barockgebäude Ausstellungen moderner und zeitgenössischer Kunst aus der Region. Dass die Auseinandersetzung mit der Bibel ein Erlebnis sein kann, beweist die **Bibelgalerie**. Interaktiv lässt sich die Geschichte dieses einzigartigen Buches erfahren, gleichzeitig ist das Museum ein idealer Ort, um zur Ruhe zu kommen. Die Ausstellung ist auch für Kinder gut geeignet.

7

Schließlich kann man im **Zeppelinmuseum** etliche Originalexponate dieses außergewöhnlichen Luftfahrtschiffes betrachten. Sie stammen unter anderem aus der Kaiserlichen Marine des Ersten Weltkrieges. Ergänzend zu den historischen Ausstellungsstücken wird ein Film gezeigt.

Tipp

Mit einer Fahrt von nur 15 Minuten kann man zwei Ziele wunderbar miteinander kombinieren: An 365 Tagen im Jahr verkehrt eine moderne Autofähre zwischen Meersburg und Konstanz auf der anderen Seeseite (siehe Ziel 5). So kann man aus zwei Trips einen machen und neben dem romantischen Meersburg auch die Konzilstadt Konstanz bequem besuchen. Die Fähre befördert Pkw, Wohnmobile, Fußgänger und Radfahrer. Infos zum Fahrplan und den Preisen findet man unter www.stadtwerke-konstanz.de/schifffahrt/faehre-konstanz-meersburg.

IN LUFTIGEN HÖHEN

Ein Blick ins Hinterland von Meersburg lohnt sich genauso, wie der Besuch der Stadt selbst. Nur 14 Kilometer weit geht es über den Ort Markdorf zum **Gehrenbergturm**. Schon alleine die Fahrt dorthin ist landschaftlich höchst reizvoll und lohnt den Ausflug. Der Aussichtsturm aus Stahlgitter

Ein lohnenswertes Ausflugsziel ist der Gehrenbergturm bei Markdorf.

7

steht auf dem 745 Meter hohen Gehrenberg nördlich von Markdorf. Die Turmkonstruktion aus Stahlfachwerk ist etwas abenteuerlich und erinnert ein bisschen an den Eiffelturm, auch wenn der Gehrenbergturm nur 30 Meter hoch ist – dafür aber bereits auf einer Höhe von 704 Metern steht. Wer den Aufstieg in Angriff nimmt, wird auf der Aussichtsplattform mit einem sagenhaften Panoramablick belohnt, der bis zum Bodensee und zu den Alpengipfeln reicht. Ein rundum verlaufendes Relief erläutert, worauf man gerade blickt.
Das Wohnmobil kann man problemlos auf einem etwa 250 Meter entfernten Parkplatz abstellen. Der Turm ist zwar ganzjährig geöffnet, verfügt jedoch über einen Dämmerungsschalter am Eingangstor, sodass dieses nur von Sonnenaufgang bis Sonnenuntergang geöffnet und von 22 bis 5 Uhr grundsätzlich verschlossen ist.

DER PREMIUMWANDERWEG Gehrenberg GuckinsLand ist eine mittelschwere, 15 Kilometer lange Tour mit 525 Höhenmetern, führt rund um den Gehrenberg und integriert auch den Gehrenbergturm. Startpunkt ist der Wanderparkplatz Vogelsang im Markdorfer Stadtteil Möggenweiler. Zunächst steigt der Weg durch den Wald an, bis der Gehrenbergturm mit der tollen Fernsicht erreicht ist. Kurz später gelangen die Wanderer zur sogenannten Rutsche – ein durch ein Erdbeben 1911 30 Meter in die Tiefe reichender Abgrund. Auch von hier eröffnet sich ein Blick bis zum Bodensee. Kurz darauf folgt bereits der nächste Aussichtspunkt, der Linzgaublick mit einer chilligen Liegeschaukel. 1 Kilometer weiter kann man herrlich rasten, natürlich auch hier mit Ausblick. Weiter geht's durch Wald, über Lichtungen, eine Holzbrücke und vorbei an einem weiteren Rastplatz und schließlich durch verlassene Gehöfte hindurch zurück zum Ausgangspunkt. Hinweis: Wegen Straßenarbeiten in Möggenweiler steht der Wanderparkplatz voraussichtlich bis 2021 nicht zur Verfügung. In dieser Zeit weichen Sie auf einen der Parkplätze Schweppenen, Hohreute, Gangweiler oder den Parkplatz des Wirtshofes in Steibensteg aus.

AUF EINEN BLICK

Info

STADT/REGION: Meersburg/Bodenseekreis
BESTE REISEZEIT: April–Oktober
OPTIMALE REISEDAUER: 2–3 Tage
TOURISTINFO: Gästeinformation Meersburg, Kirchstraße 4, 88709 Meersburg, Tel. 07532/44 04 00, info@meersburg.de, www.meersbrug.de

SEHENSWÜRDIGKEITEN

BURG MEERSBURG: Schlossplatz 10, 88709 Meersburg, Tel. 07532/800 00, burg.meersburg@t-online.de, www.burg-meersburg.de
VINEUM BODENSEE: Vorburggasse 11, 88709 Meersburg, Tel. 07532/440 26 32, info@vineum-bodensee.de, www.vineum-bodensee.de
FÜRSTENHÄUSLE: Stettener Straße 11, 88709 Meersburg, Tel. 07532/60 88, info@fuerstenhaeusle.de, www.fuerstenhaeusle.de
GALERIE BODENSEEKREIS: Am Schlossplatz 13, 88709 Meersburg, Tel. 07532/49 41 29, galerie.meersburg@bodenseekreis.de, www.bodenseekreis.de/de/bildung-kultur/kultur/galerie-bodenseekreis
BIBELGALERIE MEERSBURG: Kirchstraße 4, 88709 Meersburg, Tel. 07532/53 00, info@bibelgalerie.de, www.bibelgalerie.de
ZEPPELINMUSEUM: Schlossplatz 8, 88709 Meersburg, Tel. 07532/79 09, info@zeppelinmuseum.eu, www.zeppelinmuseum.eu
GEHRENBERGTURM: 88677 Markdorf

◀ Den Turm kann man auch erwandern. ▶ Meersburg Altstadt

AUF EINEN BLICK

WOHNMOBILSTELLPLATZ ALLMEND 1

ADRESSE: Allmendweg, 88709 Meersburg, Tel. 07532/44 00, info@meersburg.de, www.meersburg.de/de/Tourismus/Übernachten/Wohnmobilparkplatz

ANFAHRT: Vom Zentrum Meersburg über die Mesmerstraße Richtung Nordosten fahren, bis links der Allmendweg abzweigt. Auf diesen abbiegen und bis kurz vor einem Kreisverkehr folgen, der Stellplatz ist rechts vor dem Kreisel.

GPS: 47.702211, 9.269879

Oberhalb von Meersburg am Stadtrand gelegener Stellplatz mit Schotteruntergrund, Stromanschlüssen, Frischwasser, Entsorgung und WC. Die Gebühr entrichtet man an einem Automaten. Die 20 Stellplätze liegen recht dicht beieinander, dafür ist der Platz inmitten eines Wohngebietes gepflegt, die Stadtmitte ist in etwa zehn Minuten zu Fuß erreichbar. Auch größere Wohnmobile finden Platz. Zum Übernachtungsticket gibt es mit der Gästekarte ein kostenloses Busticket dazu (Haltestelle Parkplatz Allmend).

Auf dem Wohnmobilstellplatz Allmend 1 ist alles vorhanden, was man braucht.

Mit viel Privatsphäre sind die Stellplätze Alte Brennerei ausgestattet.

WOHNMOBILSTELLPLATZ ALTE BRENNEREI

ADRESSE: Riedetsweilerstraße 5, 88719 Stetten, Tel. 07532/57 09, info@zuraltenbrennerei.de, www.zuraltenbrennerei.de/stellplaetze

ANFAHRT: Über die B33/B31 Richtung Nordosten bis Abfahrt Riedetsweiler Straße fahren, dieser kurz nach links folgen und sofort wieder links abbiegen auf die Landstraße, der Stellplatz folgt rechterhand.

GPS: 47.693268, 9.298281

Etwas mehr Privatsphäre als Allmend 1 bietet dieser Platz mit 20 großen Stellplätzen. Das Wohnmobil steht auf geschottertem Untergrund, voneinander abgetrennt durch Rasenflächen und mit kleinen Bäumchen bepflanzt. Der gepflegte und liebevoll betriebene Stellplatz gehört zur nordöstlich von Meersburg gelegenen Gemeinde Stetten (2 Kilometer von Meersburg entfernt), liegt ruhig und in direkter Nachbarschaft zum Wirtshaus Alte Brennerei (mit leckerem Essen), bei dem man sich als Übernachtungsgast auch anmeldet (montags ist Ruhetag, dann bezahlt man, indem man die Gebühr in den Briefkasten am Eingang der Gaststätte einwirft). Geeignet nur für autarke Camper, da lediglich Stromanschlüsse vorhanden sind und das WC nur bei Öffnung der Gaststätte nutzbar ist.

VOM LUFTSCHIFF DOMINIERT

Friedrichshafen und sein berühmter Zeppelin

Der Aussichtsturm Moleturm markiert die Hafeneinfahrt von Friedrichshafen.

8

Ein Bodenseetrip ist undenkbar, ohne dass man einen dieser Giganten der Lüfte lautlos über die Bodenseekulisse schweben sieht. Natürlich hat Friedrichshafen noch ein bisschen mehr zu bieten: eine hübsche und mediterrane Seepromenade, Seebäder, Rad- und Wanderwege und jede Menge kultureller Highlights.

Wasser ist die elementare Attraktion Friedrichshafens, was auch kein Wunder ist, denn mit der direkten Lage am Bodenseeufer dreht sich naturgemäß viel um Erlebnisse am und auf dem Wasser. Daneben gibt es, vom Zeppelin Museum abgesehen, weitere kulturelle Highlights, einen sehenswerten Ort und ein imposantes See- und Alpenpanorama. Als zentraler Ausgangspunkt für alle Aktivitäten innerhalb der Stadt liegt der Wohnmobilstellplatz beim Cap Rotach sehr günstig, etwas außerhalb und gut für Ausflüge ins Umland von Friedrichshafen geeignet ist der Campingplatz Iriswiese.

DIE ZEPPELINSTADT AM BODENSEE

Sicherlich stehen in Friedrichshafen einige Attraktionen im Wettstreit miteinander darüber, was wohl als Wahrzeichen oder Top-Sehenswürdigkeit gilt. Ganz vorne auf der Liste steht das Zeppelin Museum Friedrichshafen. Dieses Museum beherbergt die weltweit größte Sammlung der Luftschifffahrt mit über 1500 Originalexponaten und historischen Ton-, Film- und Bildaufnahmen. In der multimedial aufbereiteten Dauerausstellung kann man an Experimentierstationen die technische Entwicklung und den Kult um den Zeppelin erleben. Neben Führungen stehen auch regelmäßig Workshops für Erwachsene und Kinder auf dem Programm. Auch eine Teilrekonstruktion der legendären Hindenburg ist zu sehen. Sie wurde nach historischen Plänen in Originalgröße nachgebaut. Man kann sie von innen besichtigen und sich wie ein Passagier zu damaligen Zeiten fühlen. Ein zweites Standbein des Museums ist die Kunstsammlung der größten Meister Süddeutschlands vom Mittelalter bis zur Neuzeit – auch Künstler der Avantgarde des 20. Jahrhunderts sind ausgestellt, beispielsweise Otto Dix und Willi Baumeister. Das Gebäude, in dem das Museum untergebracht ist, ist ebenfalls sehenswert: Es ist der ehemalige Hafenbahnhof in Bauhaus-Architektur und steht unter Denkmalschutz.

Friedrichshafen wird vom Zeppelin dominiert. Dazu gibt es ein Museum.

Nach so viel spannenden Infos reizt es uns natürlich extrem, einmal selbst Passagier an Bord eines solchen Luftfahrt-Dinosauriers zu sein. Ein **Zeppelin-Rundflug** ab Friedrichshafen ist mit Sicherheit ein unvergessliches Erlebnis. Das Luftschiff **Zeppelin NT** wurde als Wiederauferstehung des Mythos Zeppelin gebaut und startete 1997 vor der Messehalle in Friedrichshafen zu seinem Jungfernflug. Seit Anfang der 2000er-Jahre gibt es den kommerziellen Flugbetrieb in Friedrichshafen. Stationiert auf dem Gelände des Bodensee Airports ist der Hangar des Zeppelins als eine der größten Hallen Süddeutschlands weithin sichtbar.

Es werden diverse Rundflüge ab Friedrichshafen angeboten, die zwischen 30 und 120 Minuten dauern. Je nach Länge geht es dann über eine der schönen Bodenseestädte, ans Schweizer oder das Österreichische Seeufer oder – besonders spektakulär – zum Rheinfall Schaffhausen (Ziel 2), der sich aus luftigen Höhen betrachtet noch spektakulärer in sein Becken stürzt. Das Vergnügen hat seinen Preis – die Kosten reichen pro Person von 255 Euro für eine halbe Stunde bis 860 Euro für zwei Stunden. Es gibt jedoch einzelne Nebensaison-Tickets, bei denen man etwas Geld sparen kann. Davon abgesehen ist ein solcher Flug, wie die Amerikaner sagen würden, ein Once-in-a-Lifetime-Event, das man sicher nicht alle Tage erlebt.

Bleiben wir noch einen Moment bei der Luft- und Raumfahrt. Das **Dornier Museum** ist das größte Technikmuseum am Bodensee und ebenfalls in Friedrichshafen beheimatet. Direkt neben dem Bodensee Airport bietet das Museum eine Zeitreise durch ein ganzes Jahrhundert ziviler und militärischer Fluggeschichte mit historischen Dornier-Flugbooten, nostalgischen Passagiermaschinen und spannenden Exponaten und Modellen aus der Raumfahrt – rund 400 Ausstellungsstücke und Führungen (mit

8

spannenden Erläuterungen und unterhaltsamen Anekdoten) zu der Entwicklung der Fliegerei lassen den Pioniergeist des letzten Jahrhunderts lebendig werden. Von der Terrasse aus hat man einen Blick auf den Zeppelin-Hangar. Starts und Landungen des monströsen Luftschiffs aus dieser Nähe zu betrachten, lohnt alleine schon den Besuch.
Nach all der technischen Museumsluft zieht es uns aber nun an die frische Luft. Wir wollen ein Stück auf der **Uferpromenade** flanieren, eine der schönsten und längsten am Bodensee. Zwischen dem Hafen und der Rotachmündung und der Schlosskirche (siehe unten) hat man nicht nur einen schönen Seeblick, sondern auch das Alpenpanorama mit im Bild. Die Promenade wird gesäumt von Restaurants und Straßencafés mit Aussicht, manche davon befinden sich direkt über dem glitzernden See. Auf Höhe des Stadtbahnhofes liegt das **Klangschiff Im Augenblick**, eine Stahl- und Holzkonstruktion als Friedensbotschafter.

Tipp

Mit Beginn der baden-württembergischen Sommerferien startet in Friedrichshafen das Zeltfestival Kulturufer. Dann verzaubert ein kulturelles Angebot mit Tanztheater, Schauspiel, Kabarett, Straßentheater und Akrobatik die Besucher. Neben Clownsauftritten für Kinder gibt es außerdem auch einen Kunsthandwerkermarkt. Start ist immer der Freitag direkt nach Ferienbeginn, das Festival dauert dann zehn Tage. Das ausführliche Programm findet man ab Juni auf folgender Seite: kulturufer.de.

◀ Das Klangschiff Im Augenblick ▶ Weitere Flugobjekte im Dornier Museum

Höhepunkt des Seehasenfestes im Sommer ist das Feuerwerk über der Stadt.

Tipp

Eine große Tradition hat das Seehasenfest, das seit 1949 jedes Jahr an einem Wochenende Mitte/Ende Juli stattfindet. Vom traditionellen Antrommeln und der Hauptfigur im Hasenkostüm, die stets präsent ist und überall mitmischt, über Theaterstücke, Festumzug, sportliche Wettkämpfe wie Tretbootrennen und lustiges Floß-Bauen bis hin zum Feuerwerk am Samstagabend wird alles geboten, was man sich von einem Feier-Wochenende nur wünschen kann. Sehr ausführlich werden Tradition und Programm auf der Internetseite des Festes vorgestellt: www.seehasenfest.de.

Am **Hafen** kann man sowohl einen Blick von der 22 Meter hohen Aussichtsplattform des Turms an der Hafenmole aus genießen, als auch mit einem Schiff der Weißen Flotte eine Rundfahrt starten oder mit der **Autofähre** ans gegenüberliegende Schweizer Bodenseeufer nach Romanshorn (Ziel 13) fahren. Dabei spart man gegenüber einer See-Umrundung mit dem Wohnmobil 70 Kilometer. Am **Gondelhafen** schließlich kann man als Kapitän eines Tret-, Ruder- oder Motorboots in See stechen.
Noch mehr Wasser gefällig? Dann laden die Frei- und Strandbäder von Friedrichshafen ins kühle Nass ein. Eines der schönsten Strandbäder am nördlichen Bodenseeufer soll das **Strandbad Friedrichshafen** sein. Es ist ausgestattet mit einem Naturstrand und einer großen Liegewiese mit schattenspendenden Bäumen. Wer gerne im tiefen Wasser planscht, gelangt über einen langen Steg direkt dorthin. Es gibt außerdem ein separates und warmes Kleinkindbecken mit Spielplatz nebenan. Zusätzlich zum Unterhaltungsangebot (Beachvolleyball, Tischtennis und eine kostenpflichtige Trampolinanlage) können die Badegäste Tretboote, Bananaboote und Standup-Paddleboards ausleihen.

Gäste aus Nah und Fern zieht das große **Wellenfreibad Ailingen** an, in dem man nicht nur Meeres-Feeling erlebt, sondern auch eine Sprunganlage, eine Wasserrutsche und ein Strömungskanal zur Verfügung stehen. Kinder haben einen separaten Bereich mit Becken, Wasserrutsche und Wasserstraße für sich alleine. Auch in diesem Bad gibt es ein sportliches Angebot. Im **Frei- und Seebad Fischbach** schließlich hat man die Möglichkeit, sich sowohl im Bodensee als auch in einem der vier Schwimmbecken zu erfrischen. Das Bad wurde erst 2017 eröffnet und wird mit Thermal- und Trinkwasser aus nahe gelegenen Bohrungen versorgt. Neben dem Seebereich mit zwei Flößen gibt es ein Thermalbecken, ein Schwimmer- und ein Nichtschwimmerbecken sowie ein Kleinkindbecken.
Nun gilt es noch, einen Blick in die Innenstadt zu werfen. Die **Schlosskirche** mit ihren markanten Kuppeltürmen aus Sandstein ist das Wahrzeichen Friedrichshafens. Sie gilt als eines der berühmtesten oberschwäbischen Bauwerke des Barock und ist seit 1812 eine evangelische Kirche. Man kann im Rahmen von Themenführungen Interessantes über die Kirche erfahren, zum Beispiel bei der Kostümführung »Mit dem Mönch durch die Schlosskirche« oder bei einer Führung mit optionaler Weinprobe in der Vinothek. Auch weitere sakrale Gebäude sind höchst sehenswert, das sind die **Nikolauskirche** im Stadtgebiet, die **Haldenbergkapelle** in Ailingen (etwas außerhalb traumhaft gelegen) und die kleine, beschauliche **Kapelle St. Benedikt** auf der Benediktshöhe in Unterraderach.
Zuletzt seien zwei Brunnen als weitere Sehenswürdigkeiten genannt: Der **Buchhornbrunnen**, der den Adenauerplatz vor dem Rathaus ziert und den Zusammenschluss der ehemaligen Reichsstadt Buchhorn und dem nahen Dorf und Kloster Hofen thematisiert; Figuren am Brunnen zeugen außerdem von der industriellen Entwicklung der Stadt. Der nach dem

◀ Gondelhafen ▶ Sogar der Brunnen hat einen Bezug zum Zeppelin!

8

Grafen Zeppelin benannte **Zeppelinbrunnen** präsentiert einen Jungen, der auf einer Weltkugel steht und einen Zeppelin in den Händen hält. Der 1909 eingeweihte Brunnen blieb wundersamerweise im Zweiten Weltkrieg trotz zerstörter Innenstadt unversehrt.

VIELSEITIGE UMGEBUNG

In der unmittelbaren Umgebung von Friedrichshafen finden sich mit dem Residenzschloss Tettnang, dem prämierten Ferienort Kressbronn und dem für Familien unbedingt empfehlenswerten Ravensburger Spieleland weitere tagfüllende Ausflugsziele.

Das im frühen 18. Jahrhundert erbaute **Neue Schloss Tettnang** ist das Residenzschloss der Grafen von Montfort. Zentral in der Innenstadt gelegen, gilt das Schloss als eines der schönsten Oberschwabens. Den fürstlichen Luxus-Lebensstil kann man heute (nach einigen Restaurierungen) anhand der barocken, stuckverzierten Räume und Kabinette (beispielsweise das sehr sehenswerte Spiegelkabinett) erkennen. Auch das äußere Erscheinungsbild im Renaissancestil kann sich sehen lassen. Von der Schlossterrasse aus bietet sich ein herrlicher Ausblick über den See bis hin zu den Alpen. Originelle Themenführungen nehmen die Besucher mit auf eine Reise in längst vergangene Zeiten. Zwei öffentliche, kostenlose Parkplätze für Wohnmobile befinden sich in Laufdistanz.

Familien mit Kindern werden bei einem Aufenthalt in diesem Bereich des Bodensees nicht umhinkommen, dem **Ravensburger Spieleland** einen Besuch abzustatten. Bereits mehrfach zu Deutschlands familienfreundlichstem Themenpark ausgezeichnet, können sich Groß und Klein auf 70 Attraktionen in acht Themenwelten freuen. Dazu gehören rasante Fahrgeschäfte mit Adrenalinausstoß ebenso wie das Treffen auf bekannte Film- und Fernsehcharaktere aus Plüsch, wie die Maus aus der *Sendung mit der Maus* oder Käpt'n Blaubär. Beim Räderwechsel-Wettrennen legt man selbst Hand an und wechselt Reifen auf Zeit und auch im Mitmach-Museum kann man sich bei einer Rallye gegen andere messen. Eine Übernachtungsmöglichkeit ist auf dem Wohnmobilstellplatz des Ravensburger Spieleland Feriendorfes gegeben.

Dass die Gemeinde **Kressbronn** als Ferienort ausgezeichnet wurde, verwundert nicht. Zwischen Bodensee und den Voralpen gelegen, bietet

◀ Spaß und Action im Ravensburger Spieleland ▶ Feriendorf Kressbronn

Kressbronn Erholung, Natur und Wanderspaß. Ein Reichtum von Bodensee-köstlichkeiten – Erdbeeren, Kirschen, Birnen und Äpfel – sowie der leckere Wein, dessen Trauben an den Sonnenhängen der Gemeinde wachsen, sind ein kulinarisches Highlight dieses Ortes. Die Ziele am Bodensee sind schnell erreichbar, und der Campingplatz Iriswiese (siehe »Auf einen Blick«) bietet eine gute Ausgangsposition für zahlreiche Unternehmungen.

NOMEN EST OMEN beim Genießerpfad. Auf diesem 3,2 Kilometer langen Spaziergang kann man die Vielfalt der Obstgärten besonders schön genießen. Je nach Jahreszeit stehen die Obstbäume in voller Blüte, biegen sich unter der Last der Früchte, oder ihr Laub verfärbt sich in spektakulären Farben. Thementafeln begleiten den Weg. Los geht's am Bahnhof Nonnenhorn (Parkplatz vorhanden), zunächst durch Obstanlagen und Weingärten zur Bullrichanlage mit Ausblick auf See und Berge. Nach Überqueren einer kleinen Straße und der Bahngleise auf die Wasserburger Straße stößt man auf schicke Wohnhäuser. Hier könnte man einen kleinen Abstecher zum Malerwinkel (Naturschutzgebiet in der Wasserburger Bucht) einbauen. Mit oder ohne diesen Abstecher geht es nach den schmucken Häusern zurück Richtung Paradies und nach Nonnenhorn. Über einen schmalen Kiespfad spaziert man an der staatlichen Fischbrutanstalt vorbei zu einem Aussichtspunkt. Dann folgt man der Straße entlang durchs Paradies zur Conrad-Forster-Straße, dann links zum Alten Weintorkel (Tipp: Von Mai bis Oktober immer mittwochs um 17 Uhr Torkelerklärung) und dann über den Schneckenwinkel zurück zum Bahnhof.

Die Hängebrücke Langenargen überspannt das Naturschutzgebiet Argen.

Ein lohnenswertes Ausflugsziel sowohl von Friedrichshafen als auch von Kressbronn aus ist die **Hängebrücke Langenargen**. Sie ist die älteste Kabelhängebrücke Deutschlands und wurde sogar schon bei der Weltausstellung im Jahr 1900 in Paris gefeiert. Erbaut 1896/97, wurde sie am 25. Januar 1898 dem Verkehr übergeben. Sie überspannt den Fluss Argen und weist zwischen den Pylonen eine Spannweite von 72 Metern auf. Sie ist zwar nicht gerade die Golden Gate Bridge, aber dennoch ein recht imposantes Konstrukt. Die Brücke wird umgeben vom **Naturschutzgebiet Argen**, das den Zusammenfluss der beiden Quellflüsse Obere und Untere Argen bis fast zur Mündung in den Bodensee mit einer vielseitigen Tier- und Pflanzenwelt umfasst.

AUCH EINE LÄNGERE ANFAHRT wert ist das grandiose Ausflugsrestaurant Gasthaus Brauerei Max & Moritz oberhalb von Kressbronn. Vor allem von der Terrasse aus isst man bei einem sagenhaften Panoramablick über den Weinberg, den Bodensee und die Alpen. Gut bürgerliches, leckeres Essen (große Portionen!) und süffiges selbst gebrautes Bier versüßen den Aufenthalt zusätzlich. Sehr freundliche und zuvorkommende Mitarbeiter. Spielplatz in Sichtweite von der Terrasse. Ausreichend großer Parkplatz, auf dem auch das Wohnmobil Platz findet. Eine Reservierung ist trotz der Größe der Gaststätte unbedingt erforderlich (telefonisch unter 07543/65 08). Weitere Infos unter www.maxmoritz-bier.de.

AUF EINEN BLICK

Info

STADT/REGION: Friedrichshafen/Obersee
BESTE REISEZEIT: März–Oktober
OPTIMALE REISEDAUER: 2–3 Tage
TOURISTINFO: Touristinformation Friedrichshafen, Bahnhofplatz 2, 88045 Friedrichshafen, Tel. 07541/20 35 54 44, tourist-info@friedrichshafen.de, www.friedrichshafen.de/tourismus

SEHENSWÜRDIGKEITEN

ZEPPELIN MUSEUM: Seestraße 22, 88045 Friedrichshafen, Tel. 07541/380 10, info@zeppelin-museum.de, www.zeppelin-museum.de
ZEPPELIN-FLUG: Deutsche Zeppelin-Reederei GmbH, ZLT Zeppelin Luftschifftechnik GmbH & Co. KG, Messestraße 132, 88046 Friedrichshafen, Tel. 07541/590 00, info@zeppelinflug.de, zeppelin-nt.de
DORNIER MUSEUM: Claude-Dornier-Platz 1, 88046 Friedrichshafen, Tel. 07541/487 36 00, info@dorniermuseum.de, www.dorniermuseum.de
STRANDBAD FRIEDRICHSHAFEN: Königsweg 11, 88045 Friedrichshafen, Tel. 07541/280 78, bäder.friedrichshafen.de/strandbad
WELLENFREIBAD AILINGEN: Leonie-Fürst-Straße 4, 88048 Friedrichshafen, Tel. 07541/554 15, bäder.friedrichshafen.de/wellenfreibad
FREI- UND SEEBAD FISCHBACH: Strandbadstraße 11, 88048 Friedrichshafen, Tel. 07541/20 35 60 00, bäder.friedrichshafen.de/frei-seebad

◀ Das Zeppelinmuseum direkt am Bodensee … ▶ … präsentiert auch Kunst.

AUF EINEN BLICK

SCHLOSSKIRCHE: Schlossstraße 2, 88045 Friedrichshafen, Tel. 07541/213 08, schloss-fn@evkirche-rv.de, www.schlosskirche-fn.de
SCHLOSS TETTNANG: Montfortstraße 1, 88069 Tettnang, Tel. 07542/51 05 00, info@schloss-tettnang.de, www.schloss-tettnang.de
RAVENSBURGER SPIELELAND: Am Hangenwald 1, 88074 Meckenbeuren/Liebenau, Tel. 07542/40 00, spieleland@ravensburger.de, www.spieleland.de

WOHNMOBILSTELLPLATZ BEIM CAP ROTACH

ADRESSE: Lindauer Straße 2, 88046 Friedrichshafen, Tel. 07541/20 35 54 44, tourist-info@friedrichshafen.de, www.friedrichshafen.de/tourismus/uebernachten/camping
ANFAHRT: Über die B31 aus beiden Richtungen nach Friedrichshafen fahren, auf die Lindauer Straße abfahren und dieser folgen, bis linkerhand der Stellplatz folgt.
GPS: 47.649992, 9.496362
Städtischer Platz mit 25 Stellplätzen beim Campingplatz Cap Rotach, dessen Sanitäranlagen mitbenutzt werden können. Am Stellplatz selbst sind Wasser, Strom, Ver- und Entsorgung vorhanden, es gibt außerdem einen Brötchenservice und ein Restaurant. Parkplatzcharakter ohne Charme und mit wenig Privatsphäre für die reine Übernachtung, der Platz liegt jedoch zentral (fußläufig zur Stadt, der Weg führt schön am Seeufer entlang) und fast direkt am Bodensee. Für die Stadterkundung perfekt.

◀ Gut ausgestatteter Campingplatz Iriswiese … ▶ … teils etwas eng

Die Uferpromenade von Friedrichshafen ist die längste am Bodensee!

CAMPINGPLATZ IRISWIESE

ADRESSE: Tunau 16, 88079 Kressbronn, Tel. 07543/80 10, info@campingplatz-iriswiese.de, www.campingplatz-iriswiese.de

ANFAHRT: Von Friedrichshafen über die B31 Richtung Lindau fahren, Ausfahrt Richtung Kressbronn/Tettnang nehmen, im Kreisverkehr erste Ausfahrt rechts, gleich darauf im Kreisverkehr zweite Ausfahrt. Dann von Langenargener Straße nach links auf Bodanstraße abbiegen, von dieser geht es rechts ab zum Campingplatz.

GPS: 47.586947, 9.583329

Großer, etwas älterer Campingplatz am Bodenseeufer mit direktem Seezugang (naturnaher Kieselstrand mit viel Treibholz), gute Infrastruktur mit Spielplatz, Restaurant, Laden, Waschmaschine und Trockner. Ruhige Lage, Stellplätze jedoch zum Teil recht dicht beieinander; einige direkt am See. Viele Dauercamper. Neue Sanitäranlagen. Ein schöner Radweg führt am Bodensee entlang sowohl nach Friedrichshafen als auch nach Lindau.

MIT LÖWE UND LEUCHTTURM

Pittoreske Inselstadt Lindau und tolle Ausflüge

Lindau ist eine Perle am Bodensee. Besonders malerisch ist die Hafeneinfahrt.

Lindau bildet eine kleine bayerische Enklave am Bodenseeufer. Eingebettet zwischen Baden-Württemberg und Österreich liegt Lindau am östlichsten Zipfel des Bodensees. Die traumhaft schöne Altstadt thront auf einem vorgelagerten Inselchen, das Highlight ist der Hafen mit Leuchtturm und steinernem Löwen.

Auch der nahe Naturerlebnispark skywalk allgäu befindet sich im Bayerischen (im Hinterland von Lindau), das ebenfalls von der Inselstadt aus erreichbare Wasserburg liegt hingegen in Baden-Württemberg. Die beiden im Infoteil beschriebenen Campingplätze Park-Camping Lindau am See und Gitzenweiler Hof sind ideale Ausgangspunkte für die Ziele in und um Lindau.

EINE DER SCHÖNSTEN STÄDTE AM BODENSEE

Die Konkurrenz ist groß, und manche Bodenseestadt wird den Superlativ, die schönste von allen zu sein, für sich beanspruchen – was **Lindau** anbelangt, ist die Sache jedoch unstrittig! Das ganze Stadtgebiet umfasst 33 Quadratkilometer, es leben ungefähr 25 500 Einwohner in Lindau. Darin ist auch der Festlandanteil eingeschlossen.

Das große Highlight ist das nur 0,7 Quadratkilometer große Inselchen, auf dem sich die malerische **historische Altstadt** befindet, die unter Denkmalschutz steht. Ein Bummel durch die engen Gässchen ist wie ein Gang durch eine Filmkulisse: Zu den reizvollsten architektonischen Leckerbissen im gewachsenen Altstadt-Ensemble zählt allen voran das **Alte Rathaus.** Der farbenfrohe Prachtbau erzählt mittels seiner mit Malerei verzierten Fassade die Lindauer Geschichte. Ein Hingucker ist auch die große überdachte Freitreppe, die in einen Erker mündet. Das ursprünglich gotische Rathaus wurde 1422 erbaut und 1576 im Renaissancestil umgebaut.

Den **Marktplatz** dominiert das katholische **Münster Unserer Lieben Frau**. Außen eher schlicht, besticht das Innere durch seine farbenfrohe Erscheinung. Prunkvoll zieht sich der Barockstil durch das ganze Bauwerk, reiche weiße Stuckaturen stehen im Kontrast zu farbigen Fresken. Ein Deckengemälde zeigt Mariä Aufnahme in den Himmel. Ebenso imposant wie das Innere ist das Geläut der Glocken, das überwältigend laut und weithin zu hören ist.

Am Marktplatz befindet sich auch das barocke Haus zum Cavazzen, das mit seinem eindrucksvollen, hoch geschwungenen Walmdach und der aufwendigen Fassadenmalerei zu Recht als wohl schönstes Haus am Bodensee gehandelt wird. Im Inneren beherbergt das Schmuckstück normalerweise das Stadtmuseum, das seit 2018 und bis auf Weiteres jedoch für umfangreiche Renovierungs- und Neugestaltungsarbeiten geschlossen ist.

Die Haupteinkaufsstraße ist die Maximilianstraße. Hier lässt es sich nicht nur gut bummeln und exklusiv in den Boutiquen und Souvenirshops shoppen – die Kaufmanns- und Handwerkerhäuser aus dem 16. und 17. Jahrhundert mit ihren charakteristischen Dachgauben und Holzsäulen-Schnitzereien bieten zudem ein überwältigend schönes Umfeld dafür. Auch schöne Restaurants befinden sich in den Patrizierhäusern.

Wahrzeichen der Stadt, Touristenmagnet Nummer 1 und ein absolutes Muss in der Bodenseeregion sind der Hafen und die mediterrane Seepromenade mit zahlreichen Cafés und Restaurants. Die Hafeneinfahrt wird vom Neuen Lindauer Leuchtturm bewacht, der 1856 errichtet wurde, 36 Meter hoch ist und das südlichste Leuchtfeuer Deutschlands ist. Als weitere Besonderheit hat er eine Uhr in der Fassade. Im selben Jahr erblickte auch der Löwe auf der gegenüberliegenden Seite der Hafeneinfahrt das Licht der Welt – es ist eine sechs Meter hohe und 50 Tonnen schwere Steinskulptur, die die einfahrenden Schiffe aufmerksam zu betrachten scheint. Den Leuchtturm kann man von April bis September täglich von 11 bis 18 Uhr besteigen und von der Aussichtsplattform auf den Bodensee, das Städtchen Lindau und den Hafen blicken. Während man über 139 Stufen die fünf Etagen des Turms erklimmt, wird man von amüsanten Anekdoten und interessanten Fakten über Lindau und den Bodensee unterhalten.

In früheren Zeiten hat der Mangenturm als Leuchtturm gedient. Er befindet sich ebenfalls am Hafenbecken direkt an der Seepromenade. Erbaut im 14. Jahrhundert, erfüllte er ursprünglich die Funktion eines Signal- und Beobachtungspostens als Teil der Stadtbefestigung. Die Inschrift »Zu Schutz und Trutz des Seehafens – ein kräftiges Wahrzeichen der ehemaligen freien Reichsstadt Lindau« macht es deutlich: Das imposante Bauwerk mit den Schießscharten diente der Verteidigung der Insel, denn

◀ Ein Löwe und ein Leuchtturm wachen über dem Hafen. ▶ Der Mangenturm

der Turm am Hafen war ein perfekter Beobachtungsposten am Ende der Stadtmauer. Zudem stand er früher mitten im Wasser und war nur durch eine Zugbrücke zugänglich. Seine Funktion verlor der Mangenturm mit dem Bau des Neuen Leuchtturms. Danach wurde er aufgestockt und mit glasierten Ziegeln gedeckt – das macht ihn nicht nur zu einem beliebten Fotomotiv, sondern auch zu einem Symbol Lindaus.

Tipp

Kleine Märchenstunde gefällig? Dann gilt es, die 89 Stufen des Mangenturms zu erklimmen und in historischem Ambiente den Geschichten für Erwachsene zu lauschen (oder auch nur den Panoramablick zu genießen, denn der Mangenturm ist nur in diesem Rahmen von innen begehbar), die eine der Lindauer Märchentanten zum Besten gibt. Es sind unter anderem Märchen der Gebrüder Grimm, Ludwig Bechsteins und Hans Christian Andersens. Immer, wenn der sechs Meter lange Zopf mit roter Schleife den Turm ziert, ist es so weit! Das ist in der Regel von Mitte Mai bis Mitte Oktober immer freitags um 19 Uhr der Fall. Infos gibt es unter www.lindau.de/dossier/maerchenstunden.

Der ehemalige Mühlenteich Bichelweiher im gleichnamigen Naturschutzgebiet

Malerisch ist auch der **Diebesturm**, der ganz im Gegensatz zu seinem Namen etwas Romantisches hat, mit seinen schnörkeligen Erkertürmchen und den bunten Ziegeln. Er wurde zunächst als Malefizturm (vom Lateinischen *maleficium* für boshaft und gottlos) als Stadtgefängnis von Lindau genutzt. Die Insassen hatten viel Gelegenheit, ihre Taten zu bereuen, denn in dem Turm mit acht Quadratmetern pro Etage (es sind insgesamt vier Etagen) war es nicht gerade gemütlich. Der Diebesturm ist weithin sichtbar, denn er thront auf dem höchsten Punkt der Insel, auf dem Schrannenplatz.

In Lindau ist sogar der **Bahnhof** eine Attraktion. Der Kopfbahnhof liegt ebenfalls auf der Insel direkt neben dem Hafen, das Empfangsgebäude im Barockstil steht unter Denkmalschutz. Es ist der Hauptbahnhof Lindaus, der auch von zwei Fernzügen in die Schweiz und nach Österreich bedient wird. Vom Bahnhofsvorplatz aus verkehrt der **Stadtbus** Lindau mit den Linien 1 und 2 zwischen der Insel und allen Lindauer Stadtteilen sowie den Nachbargemeinden.

Der ehemalige Parkplatz auf der **Hinteren Insel** wurde im Rahmen eines städtebaulichen Projekts für die kleine Gartenschau 2021 in einen **Bürgerpark** umgewandelt. Damit hat Lindau nun erstmals einen Badezugang ins Wasser – neben diesem Überbleibsel der Gartenschau bleiben auch Sportflächen und ein Spielplatz erhalten.

Tipp

Der Inselbereich ist autofrei, das Parken teuer und für Wohnmobile unmöglich. Auf dem Parkplatz P3 am Europaplatz direkt vor der Brücke zur Insel kann man das Wohnmobil problemlos parken. Etwas weiter entfernt wäre der Parkplatz an der Hundweilerstraße 4A eine Ausweichmöglichkeit.

9

NATUR, KUNST UND KULTUR

Nach dem Stadtbesuch von Lindau ist es natürlich eine Herausforderung, etwas vergleichbar Schönes zu finden. Die Konkurrenz befindet sich fünf Kilometer westlich von Lindau: **Wasserburg**. Der Ort mit seinen knapp 4000 Einwohnern ist sehr idyllisch, hat ebenfalls einen malerischen Hafen mit Uferpromenade und kann ebenfalls mit einer Insel aufwarten; es ist zwar »nur« eine Halbinsel, aber auf dieser beeindrucken die Kirche St. Georg, das Schloss Wasserburg und das Malhaus.

Die prachtvolle katholische **Kirche St. Georg** liegt direkt am See am Ende der Halbinsel, wo sie aus den umliegenden historischen Gebäuden heraussticht. Deshalb ist die Ansicht von der Seeseite aus auch besonders empfehlenswert. Vor allem im barocken Innenraum mit seinen schönen Fresken und dem imposanten Hochaltar findet man Ruhe und eine friedliche Atmosphäre. Die Motive der Deckenfresken erzählen die Geschichte Wasserburgs. Um die Kirche herum gibt es auf einem alten Friedhof interessante Grabsteine zu entdecken.

Zentral auf der Halbinsel liegt das **Schloss Wasserburg**. Das Renaissanceschloss mit seinen drei Flügeln steht an der Stelle einer früheren Burganlage. Der seeseitige Westflügel wurde bei einem Brand im Februar 1750 vollständig zerstört und nicht mehr aufgebaut. Seit 1812 ist das Schloss in Privatbesitz und beherbergt heute ein Hotel und ein Restaurant. Im Jahr 1597 als Gerichtshaus der Fugger erbaut, wurden im denkmal-

Die Halbinsel von Wasserburg mit Schloss und Kirche wird oft fotografiert.

9

geschützten **Malhaus** die sogenannten Wasserburger Hexenprozesse abgehalten. Von 1656 bis 1664 wurden 26 Menschen gefangengehalten, gefoltert und verurteilt. Heute beherbergt das Malhaus ein Museum, in dem man originale Gefängniszellen anschauen und sich über die Wasserburger Hexenprozesse informieren kann. Außerdem gibt es Ausgrabungsfunde und Exponate zur Bodenseefischerei, und dem Schriftsteller Martin Walser sowie dem Erzähler Wolfram Geißler wird gedacht.

Tipp

Eine Attraktion der Halbinsel ist an mehreren Terminen im Sommer der Wasserburger Kreativmarkt. Kunsthandwerker (Profis und Hobby-Kreative) bieten an etwa 70 Ständen entlang des Seeufers selbst gefertigte Produkte an (nur bei gutem Wetter). Der Markt findet von Mai bis August immer gegen Ende des Monats von 12 bis 18 Uhr statt. Die aktuellen Termine und Teilnehmer findet man unter www.design-fotografie.com/kreativmarkt.

Nach so viel Kunst und Kultur steht nun der **Wassersport** auf dem Programm – und der wird in Wasserburg großgeschrieben. Das Angebot reicht von Tauchkursen für Jung und Alt über Surfen, Standup-Paddling und Kajakfahren bis hin zum Segelkurs. Ganz bodenständig kann man aber auch den Bodensee auf einem **Ausflugsschiff** der **Weißen Flotte** erkunden. Die Schiffe verkehren von Ostern bis Mitte Oktober auf dem See und verbinden die wichtigsten Seestädte miteinander. Von Wasserburg aus kann man regelmäßig nach Lindau und Bregenz (Österreich) schippern, nach Rorschach in die Schweiz und nach Meersburg, zur Insel Mainau und nach Konstanz. Ein besonderes Erlebnis ist eine Fahrt mit dem **Schaufelraddampfer Hohentwiel** oder dem **Art-déco-Motorschiff Oesterreich**. Nostalgisch geht es auf dem Jugendstil-Schaufelraddampfer und luxuriös auf dem Dieselmotor-Passagierschiff auf hohe See.
Ins kühle Nass stürzen können sich alle Badebegeisterten im **Freibad Aquamarin**. Ausgestattet mit Naturbadestrand, großem Schwimmerbecken, einem in die Landschaft integrierten Kinderland und einer Breitrutsche für die Jugend sowie Sport- und Spielflächen, ist hier alles für einen abwechslungsreichen Urlaubstag geboten.

◀ Die romantische Antoniuskapelle ▶ Abendstimmung in Wasserburg

Naturliebhaber können sich an drei Naturschutzgebieten erfreuen. Das **Naturschutzgebiet Bichelweiher** umfasst eine Fläche von 13 Hektar und den Mühlenteich. Neben seltenen Vogelarten und schützenswerten Pflanzen gehört auch ein Ensemble landwirtschaftlicher Nutzgebäude aus dem 17. Jahrhundert zu dem Schutzgebiet. Das **Mittelseemoos** ist ein artenreiches Flachmoor, in dem seltene, bedrohte oder gefährdete Pflanzenarten vorkommen. Bis in den Bodensee hinein reicht das **Naturschutzgebiet Wasserburger Bucht**. Es besteht aus einem Streifen am Ufer entlang, einem Schilfgürtel und einer Feuchtwiese.
Im Ortsteil Selmnau schmiegt sich vor eine sagenhafte Bergkulisse die entzückende **Antoniuskapelle**, die auf einem Moränenhügel sitzt, der einen wunderbaren Blick auf den Bodensee und die Alpen bietet. Die einstige Einsiedelei ist eine Barockkapelle aus dem Jahr 1696. Eine gotische Madonna und verschiedene barocke Skulpturen sind wertvolle Elemente der Kapelle.

BEI DER ERKUNDUNGSTOUR »Schätze rund um die Antoniuskapelle« geht es durch das Umland Wasserburgs. Startpunkt ist die pittoreske Kapelle, die zunächst besichtigt wird. Anschließend wandert die Gruppe durch die Obstplantagen und Weinberge bis zum Weingut Schmidt in Hattnau, wo es eine Weinverkostung gibt. Dann geht es beschwingt zurück zum Ausgangspunkt … Die Rundwanderung dauert inklusive Verkostung zweieinhalb Stunden und startet um 15 Uhr. Termine und weitere Infos unter www.mangold-bodensee.de.

◀ Über den skywalk allgäu ... ▶ ... zu einem Aussichtsturm

IN LUFTIGEN HÖHEN

Hoch hinaus geht es im 2010 eröffneten Naturerlebnispark **skywalk allgäu**. Zwar besteht er aus mehreren Bereichen und Angeboten, das Highlight ist jedoch der Baumwipfelpfad, eine 540 Meter lange Hängebrückenkonstruktion, die von Stahlmasten getragen wird. Auf dieser Konstruktion geht es auf 15 Metern Höhe durch beziehungsweise eigentlich über den Wald. Unterwegs sind – nicht nur für Kinder ein Spaß – Geschicklichkeitsübungen und andere Aufgaben zu bewältigen.

Der stetig ansteigende Pfad trifft nach Treppen und Podesten auf die Aussichtsplattform eines 50 Meter hohen Turmes, von dem aus man einen atemberaubenden Blick bis zum in der Ferne liegenden Bodensee, auch über das Allgäu und die Alpen genießt. Die Aussichtsplattform ist mit einem Fahrstuhl barrierefrei und mit Kinderwagen erreichbar. Bergab geht's dann für alle Mutigen in einer Röhrenrutsche.

Wer es bodenständig mag, wandelt auf einem der beiden Naturerlebnispfade oder dem Barfußpfad, lässt die Kids auf dem Abenteuerspielplatz toben oder übt sich im Geschicklichkeitsparcours. Ein Streichelzoo rundet das Angebot für Familien mit Kindern ab. Entspannung bieten die Relax-Liegen, eine Einkehr ist im Biergarten möglich – oder man verspeist auf der Picknickwiese seinen mitgebrachten Proviant.

Der skywalk allgäu liegt bei der Ortschaft **Scheidegg** im Allgäu auf 1000 Metern Höhe. Man kann nicht direkt bis zum Eingang des Parks fahren, sondern stellt das Wohnmobil auf dem Parkplatz bei der Fachklinik Prinzregent Luitpold ab. Von diesem aus marschiert man in etwa 15 Minuten (über eine Straße oder wahlweise durch einen Wald) den Hügel hinauf bis zur Kasse.

AUF EINEN BLICK

Info

STADT/REGION: Lindau/Oberschwaben
BESTE REISEZEIT: Mai–September
OPTIMALE REISEDAUER: 2–3 Tage
TOURISTINFO: Lindau Tourismus und Kongress GmbH, Lennart-Bernadotte-Haus, Alfred-Nobel-Platz 1, 88131 Lindau, Tel. 08382/26 00 33, info@lindau-tourismus.de, www.lindau.de
Touristinformation Wasserburg, Lindenplatz 1, 88142 Wasserburg, Tel. 08382/88 74 74, tourist-info@wasserburg-bodensee.de, www.wasserburg-bodensee.de

SEHENSWÜRDIGKEITEN

ALTES RATHAUS LINDAU: Bismarckplatz 4, 88131 Lindau
MÜNSTER UNSERER LIEBEN FRAU: Fischergasse 12, 88131 Lindau
HAUS ZUM CAVAZZEN: Marktplatz 6, 88131 Lindau, museum@lindau.de, www.kultur-lindau.de
DIEBESTURM: Oberer Schrannenplatz, 88131 Lindau
MUSEUM IM MALHAUS: Halbinselstraße 77, 88142 Wasserburg, Tel. 08382/88 71 97, www.museum-im-malhaus.de
WEISSE FLOTTE: Bodensee-Schiffsbetriebe GmbH, Hafenstraße 6, 78462 Konstanz, Tel. 07531/3 64 00, info@bsb.de, www.bsb.de
DAMPFSCHIFF HOHENTWIEL UND ART-DÉCO-MOTORSCHIFF OESTERREICH: Hohentwiel Schifffahrtsgesellschaft mbH, Hofsteigstraße 8, A-6971 Hard, Tel. +43 5574 635 60, welcome@hohentwiel.com, www.hohentwiel.com

◀ Kunst auf dem Wasserburger Kreativmarkt ▶ Lindauer Marktplatz

AUF EINEN BLICK

FREIBAD AQUAMARIN: Reutener Straße 12, 88142 Wasserburg, Tel. 08382/251 87
SKYWALK ALLGÄU: Oberschwenden 25, 88175 Scheidegg, Tel. 08381/896 18 00, info@skywalk-allgaeu.de, www.skywalk-allgaeu.de

PARK-CAMPING LINDAU AM SEE

ADRESSE: Frauenhoferstraße 20, 88131 Lindau, Tel. 08382/722 36, info@park-camping.de, www.park-camping.de
ANFAHRT: Vom Inselbereich aus über die B12/Bregenzer Straße Richtung Österreich fahren, bis rechts (bei einer Bäckerei) die Straße Innerer Siedlerweg abzweigt. Dieser folgen, sie mündet in den Campingplatz.
GPS: 47.537526, 9.730793

Sehr großer Campingplatz auf dem Festland Lindaus nahe der Grenze zu Österreich. Die hinteren Stellplätze liegen recht beengt nebeneinander, hier sind auch viele Plätze für Dauercamper. Schöner sind die Plätze in vorderster Reihe am See und direkt am eigenen Badestrand. Von hier aus lassen sich sowohl die schönen Sonnenuntergänge als auch die Inselstadt Lindau betrachten – die Strandbar ist der perfekte Ort dafür. Freundlicher und professioneller Empfang an der Rezeption, dort auch ein kleiner Laden, in dem es morgens Brötchen gibt. Daneben gibt es ein Grill-Restaurant. Hunde erlaubt, aber nicht wirklich willkommen (dürfen zu keiner Zeit ins Wasser). Bei voller Belegung sind die Sanitärhäuschen morgens um 11 Uhr noch stark verschmutzt. Mit der Gästekarte kostenlose Busverbindung auf die Insel, die Haltestelle Grenzsiedlung Zech liegt nahe beim Platz.

◀ Pool des Camping Gitzenweiler Hof ▶ Aussichtsreicher skywalk allgäu

◀ Park-Camping am See ▶ Der Gitzenweiler Hof ist gut ausgestattet.

CAMPINGPARK GITZENWEILER HOF

ADRESSE: Gitzenweiler 88, 88131 Lindau, Tel. 08382/949 40, info@gitzenweiler-hof.de, www.gitzenweiler-hof.de

ANFAHRT: Vom Inselbereich über die B12 in nördliche Richtung fahren, Ausfahrt Richtung Oberreitnau/Weißensberg/Rehlings nehmen und dann Kirchstraße nach Nordwesten. Der Campingpark folgt linkerhand.

GPS: 47.584658, 9.704727

Exklusiver 5-Sterne-Platz ebenfalls im Festlandbereich von Lindau und in etwa 6 Kilometer Entfernung vom Inselbereich. Neben einem umfangreichen Unterhaltungsprogramm für Kinder (Aktivprogramm in den Ferien) und Erwachsene (Wandern mit der eigenen Wanderführerin). Außerhalb der Ferien Sparwochen für Camper 55+. Pizzeria, Wirtshaus, Imbiss und Cocktailbar am Platz sowie Bauernmarkt in der Hochsaison immer samstags ab 16.30 Uhr. Beheizter Außenpool und Spielplatz vorhanden. Stellplätze an den drei Naturweihern. Frisch sanierte Sanitärhäuschen. Neben den Standardplätzen auf Wiesenuntergrund gibt es etwas größere Komfortstellplätze auf befestigtem Untergrund mit Wasseranschluss. In der Hochsaison sehr voll. Wohnmobilhafen außerhalb des Platzes vor der Rezeption, die Einrichtungen der Anlage können mitbenutzt werden.

JETZT GEHT'S NACH ÖSTERREICH!

Bregenz und die herrliche Natur Vorarlbergs

Auf dem Bregenzer Hausberg Pfänder genießt man sensationelle Ausblicke.

10

Zwischen See und Berge schmiegt sich Bregenz, die Landeshauptstadt des österreichischen Bundeslandes Vorarlberg. Am östlichsten Ende des Bodensees gelegen, verfügt Bregenz über den bedeutendsten österreichischen Bodenseehafen. Eine besondere Attraktion ist der über 1000 Meter hohe Hausberg Pfänder.

Bei einem Aufenthalt in Bregenz braucht man nicht viele Ausflugsziele. Die lebendige Kleinstadt hat selbst einiges zu bieten, und die umgebende Natur tut ihr Übriges, um einen abwechslungsreichen Aufenthalt zu gewährleisten. Auch die Kultur wird großgeschrieben in dem 28 000-Einwohner-Ort: Ist man in den Sommermonaten in Bregenz, sollte man sich unbedingt rechtzeitig um Karten für die berühmten Bregenzer Festspiele kümmern.

FACETTENREICH

Ob historische Bauten oder moderne Architektur, See oder Berge, Kultur oder Natur – Bregenz hat von allem etwas. Das erste, was man mit der drittgrößten Stadt des Bundeslandes in Verbindung bringt, sind die Bregenzer Festspiele. Immer im Juli und August findet das Kulturfestival statt, dessen weltweit größte Seebühne die Attraktion ist. Das heißt, die

Die Bregenzer Festspiele sind weltberühmt. Hier das Bühnenbild zu Rigoletto.

Bühne steht *im* See, die Schauspieler agieren also auf dem See, auch die Zuschauertribünen schwimmen auf dem Wasser. Es gibt spektakuläre Bühnenbilder zu bestaunen; in den Jahren 2019/2020 (eine Inszenierung wird immer zwei Jahre lang aufgeführt) beeindruckte der überdimensionale Kopf des Hofnarrs Rigoletto aus Giuseppe Verdis gleichnamiger Oper als Bühnenbild; seine beiden mechanischen, ebenfalls überdimensionierten Hände rechts und links der Bühne auf jeweils separaten Bühnen waren beweglich. Das ist ein Hingucker nicht nur bei den abendlichen Aufführungen. Wer sich eine der begehrten Aufführungen anschauen möchte, sollte sich frühzeitig um Karten bemühen. Diese sind schnell ausverkauft!

Tipp

Einen Blick hinter die Kulissen der Seebühne bietet eine Führung. Sie dauert 50 Minuten und nimmt die Gäste mit ins Innere des Theaterbetriebs. Neben der spannenden Tatsache, dass es die größte Seebühne der Welt ist, gibt es Informationen zur Geschichte und Entwicklung der Bregenzer Festspiele. Die Führungen werden von Ende Mai bis Mitte Juli montags, mittwochs und freitags jeweils um 16 Uhr und von Ende Juli bis Ende August täglich stündlich von 11.30 bis 15.30 Uhr angeboten. Weitere Infos unter bregenzerfestspiele.com/de/besuch/fuehrungen.

Direkt am Bodensee und baulich mit der Seebühne verbunden ist das 1980 eröffnete **Festspielhaus**. Während der Festspiele dient es als Ausweichstätte bei sehr schlechtem Wetter. Ansonsten werden in dem Kongress- und Veranstaltungszentrum eine weitere Oper und Orchesterkonzerte (im Juli und August 2020 beispielsweise die Oper *Nero*) sowie Musicals aufgeführt. Besondere Schmankerl sind außerdem Auftritte wie beispielsweise der Wiener Philharmoniker.

Für Freunde des Schauspiels ist das **Vorarlberger Landestheater** im Theater am Kornmarkt eine Empfehlung. Meist handelt es sich dabei um Gastspiele bekannter Bühnen (wie beispielsweise des Wiener Burgtheaters), also ebenfalls hochdekorierte Aufführungen. Unter derselben Intendanz wie die Seebühne stehend, wird das Theater seit 2015 auch für Opernaufführungen genutzt.

▲ Blick über Bregenz ◀ Das Festspielhaus dient als Ausweichstätte für die Seebühne. ▶ Internationale zeitgenössische Kunst im Kunsthaus Bregenz

Weitere Bregenzer Spielstätten sind die **Werkstattbühne**, auf der vorwiegend zeitgenössisches Musiktheater und modernes Schauspiel aufgeführt werden, sowie das **Kunsthaus Bregenz**, in dem auch Veranstaltungen der Bregenzer Festspiele stattfinden. Daneben zeigt das Kunsthaus aber auch Ausstellungen; mit einem bunten Potpourri aus Malerei, Fotografie, Skulpturen, Installationen und digitalem Film sind dies eindrückliche Ausstellungen mit meist prominenten Namen. Das Kunsthaus zählt zu den bedeutendsten Museen für zeitgenössische Kunst im deutschsprachigen Raum. Schon alleine seine außergewöhnliche Architektur ist sehenswert. Mit dem architektonischen Meisterwerk, in dem das **Vorarlberg Museum** untergebracht ist, finden die kulturellen Highlights der Stadt noch einmal einen Höhepunkt. Eröffnet im Jahr 2013, behandelt das kunst- und kulturgeschichtliche Landesmuseum sowohl die Vergangenheit als auch die Gegenwart Vorarlbergs. Die Schwerpunkte liegen auf Archäologie, (Kunst-)Geschichte und Volkskunde. Die Dauerausstellung »Buchstäblich Vorarlberg« gibt einen alphabetisch sortierten Einblick in die 160 000 Objekte umfassende Sammlung des Hauses.

Aussichtsreich ist ein Spaziergang entlang des neu angelegten Molo.

Vor lauter Kultur darf aber auch die Stadt selbst nicht zu kurz kommen. Alte Befestigungsmauern und historische Gebäude geben der mittelalterlichen **Bregenzer Oberstadt** einen gruselig-heimeligen Touch. Noch heute schlängelt sich die Bregenzer Stadtmauer durch die Oberstadt. Auch wenn sie zwischen dem 13. und 16. Jahrhundert errichtet wurde und demnach schon ein ganz schönes Alter auf dem Buckel hat, ist sie zu einem großen Teil gut erhalten.

Ein in der Altstadt besonders erwähnenswertes Bauwerk ist der **Martinsturm**, das barocke Wahrzeichen der Stadt mit seiner markanten Zwiebelhaube. Ursprünglich als Getreidespeicher errichtet, wurde das Gebäude im Jahr 1601 um ein Geschoss aufgestockt und zu einem Turm umfunktioniert. Fortan versah der Turmwächter hier seinen Dienst – seine Aufgabe war es, die Stadt vor Feuer zu warnen. Heute ist der Turm begehbar und bietet einen tollen Ausblick.

Direkt nebenan beeindrucken die Fresken der **Martinskapelle**. Die Darstellung vieler Heiliger, die Leidensgeschichte Jesu und die Illustration des letzten Abendmahls dienten dazu, für die nicht lesekundigen Menschen im 14. Jahrhundert die Bibel zu visualisieren.

Der größte Fachwerkbau der Stadt beherbergt das **Alte Rathaus** aus dem Jahr 1662 mit seinen charakteristischen hohen Spitzgiebeln. Allerdings wird hier nicht politisch entschieden, sondern vielmehr luxuriös diniert. Ganz im Kontrast zu dem mächtigen Bauwerk steht in der Kirchstraße 29 das **schmalste Haus ganz Europas** – es misst eine Breite von nur 57 Zentimetern!

Zentraler Mittelpunkt der Oberstadt ist der Ehre-Guta-Platz, der seinen Namen zu Ehren einer alten Frau trägt, die im Jahr 1406 die Stadt vor einem Angriff der Appenzeller bewahrt hat. Auf dem Platz finden traditionelle Veranstaltungen wie beispielsweise das Weihnachtsblasen statt.

Tipp

Nicht nur die Attraktionen der Oberstadt, sondern auch weitere Stationen passiert man bei einem etwa einstündigen Stadtspaziergang, der bei der Touristinformation startet. Dieser führt durch kopfsteingepflasterte Gassen und vorbei an mittelalterlichem Gemäuer, schließlich hinaus aus der Altstadt bis zum Kloster Thalbach und der Stadtpfarrkirche St. Gallus. Nach einem Bodenseeausblick werden das Kapuzinerkloster und der Thurn-und-Taxis-Park mit seinem Palais erreicht, dann geht es zurück in die Kirchstraße mit ihren kleinen Läden und Cafés.

Entfernen wir uns ein wenig vom mittelalterlichen Ambiente und wenden uns der Seeluft zu. Da ist zunächst einmal der Hafen, seines Zeichens bedeutendster Bodenseehafen Österreichs. Erstmals Erwähnung fand er im Mittelalter, bei einer Umgestaltung in den Jahren 2009/2010 ist ein sehr moderner Hafen daraus geworden: Von dem von Architekten entworfenen Hafengebäude Welle aus geht es über den Uferweg Seeanlagen Richtung Seebühne, nördlich des Gebäudes erreicht man den

◀ Modern präsentiert sich der Hafen. ▶ Im Kontrast dazu der Jachthafen

10

neu gestalteten **Blumenmolo** mit **Leuchtturm**. Die Aussicht von dem wie ein Steg ins Wasser führenden Molo auf den See ist fantastisch. Mit den Füßen im Wasser und Blick auf die Seebühne ist es ein Ort des Genusses und absoluter Entspannung. Highlight sind die **Sunset-Sitzstufen** mit direktem Seezugang! Und schließlich liegt in direkter Nachbarschaft zum großen Hafen auch der **Bregenzer Jachthafen**.

Tipp

Wer zu den Stufen am Molo spaziert, kann sich den Weg mit einem Kaffee versüßen. Das Café Die Welle bewirtet die Ausflügler in einem preisgekrönten, architektonisch besonderen Gebäude. Die Adresse ist: Seeanlagen 738, A-6900 Bregenz, Tel. +43 664 160 81 61, www.diewelle.at.

Nördlich an den Jachthafen schließt sich das **Alte Militärbad Mili** an. In der Biegung der Bregenzer Bucht steht das historische Traditionsbad auf Holzpfählen. Das nostalgische und ungewöhnliche Freibad verfügt über eine Sonnenterrasse und Liegeflächen, Spielfelder für Sportbegeisterte und ein Sprungbrett. Man kann Tischtennis und Wasserball spielen oder gegen Gebühr Standup-Paddleboards entleihen.

Westlich des Molos versteckt sich der **Fischersteg**, ein malerischer kleiner Steg mit Pavillon, der ursprünglich für Angler errichtet, später jedoch als Startplatz für Wasserflugzeuge genutzt wurde. Heute beherbergt er eine Freiluftbar. Im Sommer fungiert der Fischersteg außerdem als Location für Open-Air-Veranstaltungen.

Kaum zu glauben, dass das nostalgische Bauwerk Mili ein Freibad ist!

Die Seilbahn Pfänderbahn bringt die Gäste bequem auf den Gipfel des Berges.

BERG TRIFFT SEE

Das allein ist schon einzigartig: Fast direkt am Ufer des Bodensees liegt der 1064 Meter hohe **Pfänder**. Ein Ausflug hinauf auf den Hausberg von Bregenz ist ein Muss. Das wissen indes auch alle anderen Besucher der Stadt, weshalb nicht wenige Menschen den sagenhaften Panoramablick auf den Bodensee und die Alpen aus der Vogelperspektive genießen. Aber trotzdem findet man immer ein schönes Plätzchen, an dem man den Panoramablick in vollen Zügen genießen kann. An zwei Aussichtskanzeln kann man sich über die Bodenseeregion und die Alpengipfel informieren, außerdem hat man die Wahl zwischen verschieden langen Spazierwegen. Es gibt zwei Möglichkeiten, den Gipfel des Pfänders zu stürmen: entweder zu Fuß oder mit der **Seilbahn**. Die Talstation der Seilbahn liegt nahe dem Hafen mitten in Bregenz. Schon die Fahrt hinauf ist ein Erlebnis – die Gondel schwebt über prachtvolle Villen, während sich nach und nach der Blick über den Bodensee auftut.

Oben angekommen und nachdem man den ersten überwältigenden Blick ausgekostet hat, gibt es verschiedene Aktivitäten: Sehr beliebt ist der kostenlos zugängliche **Alpenwildpark**. Nahe der Bergstation geht es hinein in den weitläufigen Park, der für Jung und Alt eine Attraktion ist, da man hier auf die heimische Tierwelt trifft. Auf einem etwa 30 Minuten langen Rundweg begegnet man Hirschen, Alpensteinböcken, Mufflons, Wildschweinen und Murmeltieren in naturnahen Gehegen. Für Kinder sind die Kleintiergehege mit Zwergziegen und Hasen sowie die Tunnelrutsche ein besonderes Erlebnis.

Der Ausblick vom Pfänder ist grandios.

Direkt an der Bergstation befindet sich das Selbstbedienungsrestaurant **Berghaus Pfänder**. Auf der großen Aussichtsterrasse ist bei schönem Wetter zwar viel los, aber der Ausblick zum Mittagsmenü, Kaffee und Kuchen oder einem kühlen Bier ist einfach überwältigend.
Wer sich sportlich austoben möchte, kann den Pfänder-Gipfel im Rahmen einer **Wanderung** erreichen. Das ist auf mehrere Arten möglich, die gängigste Version ist von der Talstation zur Bergstation (oder andersherum, beziehungsweise nur eine Strecke zu Fuß und die andere mit der Seilbahn). Hierfür stehen verschiedene Wege in verschiedenen Längen zur Auswahl. Wer auf der Höhe bleiben will, wählt den **Käselehrpfad**, der auf Schautafeln über die Geschichte und Erzeugung von Käse in Vorarlberg informiert und für den man etwa dreieinhalb Stunden benötigt. Auf dem Weg liegen bewirtschaftete Raststationen von Sennereien und Bauernhöfen – dort gibt es die Möglichkeit der Einkehr und der Besichtigung. Weitere Wandermöglichkeiten sind die Höhenwanderung nach Scheidegg in Deutschland (dreieinhalb Stunden) oder die 3-Eintausender-Wanderung, die neben dem Pfänder auch den 1069 Meter hohen Hochberg und den 1095 Meter hohen Hirschberg ansteuert (etwa fünf Stunden, sehr anspruchsvoll).

Tipp

Für die genannten Wanderungen gibt es an der Kasse der Talstation der Pfänderbahn eine detaillierte Wanderkarte zu kaufen. Diese kann man auch auf der Seite www.pfaenderbahn.at/de/erlebnis/wandern herunterladen.

AUF EINEN BLICK

Info

STADT/REGION: Bregenz/Vorarlberg
BESTE REISEZEIT: Mai–September
OPTIMALE REISEDAUER: 1–2 Tage
TOURISTINFO: Bregenz Tourismus & Stadtmarketing GmbH, Rathausstraße 35a, A-6900 Bregenz, Tel. +43 5574 495 90, tourismus@bregenz.at, www.bregenz.travel

SEHENSWÜRDIGKEITEN

BREGENZER FESTSPIELE: Kontakt: Bregenz Tourismus & Stadtmarketing GmbH. Adresse: Platz der Wiener Symphoniker, A-6900 Bregenz, Tel. +43 5574 40 76, bregenzerfestspiele.com
FESTSPIELHAUS BREGENZ: Platz der Wiener Symphoniker, A-6900 Bregenz, Tel. +43 5574 41 30, info@kongresskultur.com, www.kongresskultur.com
VORARLBERGER LANDESTHEATER/THEATER AM KORNMARKT: Kornmarktplatz 2, A-6900 Bregenz, Tel. +43 5574 420 18, www.landestheater.org

◀ Malerische Bregenzer Oberstadt ▶ Mit dem schmalsten Haus Europas!

AUF EINEN BLICK

WERKSTATTBÜHNE: Platz der Wiener Symphoniker, A-6900 Bregenz, Tel. +43 5574 41 30, info@kongresskultur.com, www.kongresskultur.com/r/werkstattbuehne
KUNSTHAUS BREGENZ: Karl-Tizian-Platz, A-6900 Bregenz, Tel. +43 5574 48 59 44 33, kub@kunsthaus-bregenz.at, www.kunsthaus-bregenz.at
VORALBERG MUSEUM: Kornmarktplatz 1, A-6900 Bregenz, Tel. +43 5574 460 50, info@vorarlbergmuseum.at, www.vorarlbergmuseum.at
MARTINSTURM UND MARTINSKAPELLE: Martinsgasse 3b, A-6900 Bregenz, Tel. +43 5574 410 15 60, stadtarchiv@bregenz.at, www.bregenz.gv.at/kultur/martinsturm
ALTES MILITÄRBAD MILI: Reichsstraße, Höhe Kiosk, A-6900 Bregenz, Tel. +43 5574 44 24 20, kassabad@stadtwerke-bregenz.at, www.stadtwerke-bregenz.at/baeder/mili
PFÄNDERBAHN AG: Steinbruchgasse 4, A-6900 Bregenz, Tel. +43 5574 42 16 00, office@pfaenderbahn.at, www.pfaenderbahn.at
ALPENWILDPARK PFÄNDER: Pfänder 4, A-6911 Lochau, Tel. +43 5574 42 18 40, www.pfaender.at

CAMPING MEXICO

ADRESSE: Hechtweg 4, A-6900 Bregenz, Tel. +43 660 703 94 30, info@camping-mexico.at, www.camping-mexico.at
ANFAHRT: Aus Richtung Deutschland über die Bundesstraße am Seeufer entlangfahren und auf der Stadtstraße durchs Zentrum (Richtung Schweiz). An der Ampel nach dem Bahnhof links abbiegen und der Beschilderung Camping folgen.
GPS: 47.504845, 9.713568

◀ Der Blick vom Pfänder reicht bis zu den Alpen ▶ Tiere im Alpenwildpark

◀ Schattiger Camping Mexico ▶ Wahrzeichen von Bregenz: der Martinsturm

Familiär geführter Platz mit freundlichen Betreibern, sauberen Sanitäranlagen und einem Bar-/Bistro-Bereich, bei dem man nicht nur schön sitzen kann, sondern auch Essen und Trinken von regionalen Zulieferern und aus biologischem Anbau und/oder fairem Handel erhält (auch Frühstück). Der Platz liegt direkt am Bodensee neben dem Naturschutzgebiet Mehrauer Seeufer beziehungsweise Bregenzerach-Mündung. Dementsprechend sind die Stellplätze naturnah, teilweise schattig gelegen. Kostenloser Fahrradverleih! Alle 38 Stellplätze haben Stromanschluss, auf den Platz sind vier Trinkwasserbrunnen verteilt, und es gibt eine Entsorgungsstation.

CAMPING WEISS

ADRESSE: Brachsenweg 4, A-6900 Bregenz, Tel. +43 664 132 55 48, office@campingweiss.at, www.campingweiss.at

ANFAHRT: Über die Bundesstraße 202 Richtung Schweiz fahren, bis nach links die Mehrerauerstraße abzweigt. Dieser folgen, weiter auf Neu Amerika, dann scharf links abbiegen, der Campingplatz folgt rechterhand.

GPS: 47.503200, 9.708897

In Familienbesitz befindet sich dieser Campingplatz ein paar Minuten vom Bodensee entfernt mit einem kleinen Bauernhof mit Schafen, Hühnern, Katzen und einem Hund. Selbst gebrannter Schnaps und Most aus eigener Herstellung erhältlich im Campingstüble mit hofeigenen Produkten, außerdem Brötchenservice. Gepflegtes, modernes Sanitärgebäude mit Einzelduschen. Etwas außerhalb von Bregenz, ruhig und naturnah, aber trotzdem nur 2 Kilometer bis zum Zentrum. Alle Stellplätze mit Stromanschluss. Auch Plätze auf einer Wiese, aber ohne Schatten vorhanden.

FLUSSDELTA AM BODENSEEUFER

Wo Rhein und Bodensee mit purer Natur aufwarten

Ein Naturparadies und ein Eldordao für Badefans ist die Fußacher Bucht.

11

Am südöstlichen Bodenseeufer fließt der Rhein in den Bodensee, diese Region ist das Rheindelta. Es liegt hauptsächlich im österreichischen Bundesland Vorarlberg, kleine Teile auch im Schweizer Kanton St. Gallen. Artenreiche Halbinseln, Buchten und Feuchtgebiete prägen die Landschaft dieses Flussdeltas.

Zwischen dem Alten Rhein an der Schweizer Grenze über den Rheindurchstich bei Fußach (sogenannter Neuer Rhein) bis zur Dornbirner Ache in Hard erstreckt sich das Rheindelta und umfasst die vier Gemeinden Fußach, Hard, Höchst und Gaißau. Für diese hat man mit dem an das Naturschutzgebiet grenzenden Campingplatz Rohrspitz Salzmann eine hervorragende Ausgangsposition inmitten der unberührten Natur.

EIN KURIOSUM

Was vielen Besuchern nicht bewusst ist: Der Rhein durchfließt den Bodensee. Das heißt, er fließt, aus der Schweiz kommend, im Südosten als **Alpenrhein** bei Hard in den Bodensee hinein und im Westen bei Stein am Rhein (siehe Ziel 3) wieder heraus. Die Stelle, an der der Alpenrhein in den Bodensee hineinfließt, heißt **Rheinbrech**.

Das Naturschutzgebiet **Rheindelta** ist ein Magnet für Naturliebhaber – Radler, Wanderer und Badeurlauber fühlen sich hier wohl und können sich bei jeder Menge Aktivitäten austoben. Auwälder, Feucht- und Streuwiesen, Schilfflächen und Sandstrände kennzeichnen das über 2000 Hektar große Gebiet mit seinen zahlreichen seltenen Vogelarten. Zwei Drittel dieser Fläche sind Wasserfläche und nur ein Drittel Landfläche! Bei der Einmündung des Rheins wurden Polderdämme als Verlängerung des Flusses geschaffen, die verhindern sollen, dass die Uferzonen verlanden. Attraktiv für badefreudige Gäste ist die **Fußacher Bucht**. Der See liegt inmitten vieler anderer Seen, allesamt mit einem hohen Freizeitwert ausgestattet, östlich des Rheindeltas. Während im Sommer die Badegäste auf ihre Kosten kommen und Boote in der Bucht ankern, gehört die Region in den Wintermonaten (beziehungsweise von Oktober bis März) den rastenden Wasservögeln – dann ist die Bucht für Menschen gesperrt. Man kann jedoch in dieser Zeit auf den beiden Rheindämmen entlangspazieren und dabei besonders gut Vögel beobachten.

Baden kann man im Sommer auch im Hartholz-Auwald **Rheinholz** mit einem Strandbereich östlich der alten Rheinmündung. Hier kann man sich nicht nur nach Herzenslust ins Wasser stürzen, sondern an ausgewiesenen Plätzen sogar grillen. Oder sich im Rheinholz-Gärtle mit Biergarten direkt am See stärken (nur bei gutem Wetter geöffnet).
Sportliche Radfahrer nehmen sich die **Rheindelta-Runde** vor. Sie ist 20 Kilometer lang, startet und endet in Fußach und führt zunächst Richtung Rohrspitz, wo man zum Mittagessen im Hafen Salzmann einkehren kann.

BESONDERS FÜR KAJAKFAHRER ist die Fußacher Bucht ein Genuss. Einsame Sandbänke können erpaddelt werden, und man erlebt die Landschaft aus einer ganz anderen Perspektive. Beim Campingplatz Rohrspitz (siehe »Auf einen Blick«) kann man beim KanuZentrum La Canoa Kajaks mieten und entweder eine dreistündige Rundfahrt durch die Bucht unternehmen (10 Kilometer) oder nach Rheinspitz und zurück paddeln (12 Kilometer, dreieinhalb Stunden). Informationen erhält man am Campingplatz Rohrspitz oder unter lacanoa.de/kanuvermietung.

KLEINER DSCHUNGEL AM BODENSEE

Rohrspitz ist eine Halbinsel im Naturschutzgebiet und dem Rheindelta vorgelagert und mit ihrer naturnahen Landschaft ein häufig besuchtes Freizeit- und Erholungsgebiet. Sie begrenzt die Fußacher Bucht im Nordwesten. Der Rohrspitz ist ein Natur- und Erholungsraum mit Wassersportmöglichkeiten, dem Campingplatz, einem Hafen und einem See-Restaurant. Beliebte Wasseraktivitäten sind Wasserskifahren, Wakeboarden, Wind- und Kitesurfen. Das Betreiberpaar des Campingplatzes ist hierfür Ansprechpartner.
Zwei nahezu paradiesische **Naturbadeplätze** befinden sich zum einen an einem ausgedehnten Sandstrand mit flachem Seezugang am Anfang der Halbinsel Rohrspitz und zum anderen an einer etwas einsameren Stelle, zu der ein immer sandiger werdender Pfad führt. Bei letzterem ist beim Schwimmen die Aussicht auf den Pfänder inklusive!

◀ Wandern am Alten Rhein ▶ Rheindelta – Rheinzufluss in den Bodensee

EIN ERFRISCHENDES BAD kann man mit einer Wanderung durch das Gaißauer Ried verbinden. Startpunkt ist der große Parkplatz am Ortsende von Fußach. Zunächst führt ein Damm am See entlang vorbei an Häfen und Bootsanlagestellen. Es geht zum Campingplatz Rohrspitz mit Naturbadeplätzen und einer Einkehrmöglichkeit, dann weiter Richtung Süden. Es werden ein paar Höfe passiert, dann hält man sich dem Radweg entsprechend an einer Abzweigung rechts. Und nach einem Waldstück erneut zweimal rechts. Der Weg führt anschließend zum Alten Rhein und von dort nach rechts zurück zum Ausgangspunkt. Die Gesamtlänge der Wanderung beträgt 10,5 Kilometer, wofür man – ohne Badepausen – knapp drei Stunden kalkulieren sollte.

Der Campingplatz Rohrspitz ist Ausgangspunkt weiterer kurzer oder ausgedehnter Wandertouren, außerdem führt ein Fahrradweg nach Bregenz. Das **Rheindeltahaus** ist die Servicestelle des gleichnamigen Naturschutzgebietes. Neben Auskünften zu Rad- und Wandertouren und allen erdenklichen Aktivitäten erhält man Informationen zu geführten Exkursionen für Groß und Klein. In der Nähe des Informationszentrums befindet sich vor einer Schranke ein Parkplatz, auf dem man auch das Wohnmobil abstellen und zum Damm marschieren oder zu einer der Wanderungen aufbrechen kann – beispielsweise zu dem sehr empfehlenswerten **Lagunenrundweg an der Rheinmündung**.

AUF EINEN BLICK

Info

STADT/REGION: Rheindelta/Vorarlberg und St. Gallen
BESTE REISEZEIT: April–Oktober
OPTIMALE REISEDAUER: 2–3 Tage
TOURISTINFO: Rheindelta-Bodensee Tourismus, Hauptstraße 15, 6973 Höchst, Tel. +43 5578 79 07 38, info@rhgeindelta-bodensee.com, www.rheindelta-bodensee.com

SEHENSWÜRDIGKEITEN

RHEINDELTAHAUS: Im Böschen 25, A-6971 Hard, Tel. +43 5578 744 78, office@rheindelta.org, www.rheindelta.org

▲ Sonnenuntergang am Rohrspitz ▼ Jachthafen am Campingplatz

Der Campingplatz Rohrspitz Salzmann liegt inmitten unberührter Natur.

CAMPINGPLATZ ROHRSPITZ SALZMANN

ADRESSE: Rohr 1, A-6972 Fußach, Tel. +43 5578 757 08, rezeption@salzmann.at, www.salzmann.at

ANFAHRT: Zufahrt über Höchst (Achtung, Navigationssysteme geben fälschlicherweise die Strecke über Fußach an, die jedoch nur mit dem Fahrrad oder zu Fuß möglich ist!).

GPS: 47.497541, 9.63247

Nachhaltig geführter, traumhaft schön zwischen Deltanatur und See gelegener Platz fernab jeder Zivilisation. Optimaler Ausgangspunkt für Rad- und Wandertouren. Gute Ausstattung mit Waschmaschine, Trockner und Geschirrspüler. Abendveranstaltungen sowie Ferienaktivitäten für Kinder. Eigener Badestrand, freie Platzwahl auf 45 parzellierten Stellplätzen mit Stromanschluss. WLAN auf dem ganzen Gelände. Der Warmwasserverbrauch wird nach Minuten abgerechnet. Kiosk (Eis, Kaffee und Snacks erhältlich) mit großer Terrasse und Blick auf den Hafen vorhanden, außerdem ein See-Restaurant, das auch im Winter geöffnet hat. Hier wird ab März jeden ersten und dritten Sonntag im Monat ein Frühstücksbüfett angeboten.

KUNST, KULTUR UND BERGERLEBNIS

Von allem ein bisschen was in Rorschach

Nostalgisch geht's durch reizvolle Landschaft in der Rorschach-Heiden-Bahn.

12

Der Ort mag außer einem malerischen Hafen nicht viel zu bieten haben, aber mit dem Bodenseebad auf Pfählen, der Bergbahn hinauf ins Bergdorf Rorschach-Heiden, dem außergewöhnlichen Forum Würth und der Markthalle im Hundertwasser-Stil im Nachbarort Thal gibt es Attraktionen der ganz besonderen Art.

Wir befinden uns nun in der Ostschweiz inmitten des Schweizer Kantons St. Gallen. Eingebettet zwischen dem Bodensee und dem Alpsteinmassiv unterhält das Südufer des Sees die Besucher mit Freibädern, Restaurants und Museen. Nordwestlich von Rorschach liegt am Seeradweg Arbon–Romanshorn (siehe Ziel 13) der Campingplatz Buchhorn mit einer guten Ausgangslage für die Erkundung des Ortes Rorschach und seiner Umgebung.

SÜDLICHSTER PUNKT DES BODENSEES

Rorschach ist mit seinen knapp 10 000 Einwohnern eine der kleinsten Städte der Schweiz. Dennoch sollte man den Ort in der südlichsten Bucht des Bodensees nicht links liegen lassen. Hauptattraktion Nummer 1 ist sicherlich die nostalgische **Badhütte** aus dem Jahr 1924. Auf Stelzen steht die Seebadeanstalt inmitten des Bodensees und bietet über Treppen einen Zugang zum See. Auch ein Nichtschwimmerbecken steht zur Verfügung. Des Weiteren verfügt das Bad über ein Sprungbrett, ein Floß, Liegeflächen und außerdem über Umkleidekabinen, Duschen und eine Gastronomie mit eigener Küche und Bäckerei – die Tische stehen in den Innenhöfen und auf der Zugangsbrücke. Eine Schweizer Zeitschrift kürte das Bad 2010 zu einer der drei schönsten Schweizer Badis.

Besonders sehenswert ist der **Hafen** von Rorschach. Das mediterrane Flair verzaubert die Gäste vor allem bei einem Spaziergang entlang des Seeufers. Dabei passiert man das Kornhaus, einen ehemaligen Getreidespeicher aus dem 18. Jahrhundert. Heute beherbergt das Gebäude ein Erlebnismuseum, das die Themen Urgeschichte, Stadtentwicklung, Wirtschaft, Industrie und Tierwelt am Bodensee behandelt. Experimente und interaktive Stationen zu Optik-Illusion, Mathe-Magie sowie Schriften und Kommunikation machen das Museum zu einem Ausflugsziel für jedes Alter. Achtung: Das Museum hat von Oktober bis April Winterpause!

◀ Eine der schönsten Schweizer Badis ▶ Malerischer Rorschacher Hafen

Noch mehr Kultur bietet das ganz außergewöhnliche Forum Würth. Das große moderne Bauwerk, das von außen wie ein Bürogebäude aussieht, beinhaltet wahre Kunstschätze. Im Rahmen von drei regelmäßig wechselnden Ausstellungen werden im musealen Bereich des Würth Hauses unterschiedliche Themen präsentiert. Die eigene zeitgenössische Sammlung Würth umfasst über 18 000 Werke. Ganzjährig kann man im Außenbereich durch einen Skulpturengarten mit Mosaikskulpturen flanieren.
Neben diesen frei zugänglichen Kunstausstellungen lädt das Würth Haus auch zu Kulturveranstaltungen unterschiedlicher Genres ein: Führungen, Workshops für Kinder und Erwachsene, Comedy und Konzerte stehen auf dem Programm. Camper und Wohnmobile bis zu einer Höhe von 2,10 Meter können im Parkhaus abgestellt werden, höhere Fahrzeuge beim nahen Strandbad.
Großer Beliebtheit erfreut sich die Zahnradbahn Rorschach-Heiden, die die Besucher mitten hinein ins Appenzellerland befördert. Bei schönem Wetter zwischen Mai und September sogar im offenen Sommerwagen. Los geht's am Hafen von Rorschach, Ziel der Fahrt ist das Biedermeierdorf Heiden, nicht nur eine nette und beschauliche, typisch Schweizerische Ortschaft, sondern auch Ausgangspunkt einiger ganz besonderer Wanderungen, beispielsweise des Witzweges, der acht Kilometer lang ist und mit rund 40 Witztafeln die Wanderer zum Lachen bringt.

Tipp

Der Witzweg ist zusammen mit zwei Bergbahnfahrten, einer Schifffahrt und einer Fahrt im Postauto zu einer Erlebnisrundfahrt ausbaubar. Dabei wird nicht nur ausgiebig gelacht, sondern man kann auch die traumhafte Landschaft des Appenzellerlandes und das Naturschutzgebiet des Alten Rheins genießen. Informationen erhält man bei der Touristinformation Heiden, Tel. +41 71 898 33 01, www.appenzellerland.ch.

12

EINE UNVERGESSLICHE WANDERUNG ab dem Ort Heiden ist der Chindlistein. Abwechslungsreich geht es in einem stetigen Auf und Ab durch die herrlichste Natur, durch den Wald und über Stufen und vorbei an mystischen Stätten, deren Bedeutung immer anhand von Tafeln erläutert wird. Nach anstrengenden, aber idyllischen (und schattigen) ersten Höhenmetern ergeben sich auf dem zweiten Teil des Weges immer wieder sagenhafte Ausblicke auf den Bodensee, die Bergwelt und einsame Gehöfte. Es geht über Almen, begleitet vom Gebimmel der Kuhglocken. Wandert man den Weg gegen den Uhrzeigersinn, verläuft der erste Kilometer durch den Ort Heiden – das ist nicht so schön, aber dafür ist am Ende die Strecke durch den Ort viel kürzer. Man sollte sich vorab in der Touristinformation Heiden am Bahnhofplatz 1 oder im Internet einen Wegplan besorgen. Darauf sind auch die möglichen zusätzlichen Schlenker vermerkt, die man unbedingt alle mitmachen sollte. Insgesamt ist der Chindlistein 7,2 Kilometer lang und beinhaltet 290 Höhenmeter.

Maria, Josef und das Jesuskind in lebensecht, allerdings aus Sand – wo gibt es denn so was? Das gibt's beim **Sandskulpturen Festival** in Rorschach. Entlang des Bodenseeufers schnitzen internationale Künstler acht Tage lang filigrane Kunstwerke aus Tonnen von Schwemmsand heraus. Die Künstler arbeiten in Zweier-Teams im Rahmen eines Wettbewerbs, an dessen Ende die Gewinner prämiert werden.
Während des Entstehungsprozesses darf man den Künstlern über die Schultern schauen, anschließend kann man alle Kunstwerke noch etwa einen Monat lang anschauen. Während des Wettbewerbs dürfen sich alle Interessierten auf einem Experimentierfeld selbst versuchen.

Die filigransten Kunstwerke entstehen beim Sandskulpturen Festival.

12

BUNT, VERSPIELT UND SCHNÖRKELIG

In Thal, etwa 4,5 Kilometer östlich des Rorschacher Hafens, hat sich der österreichische Künstler Friedensreich Hundertwasser verewigt. Nach dem Konzept des Architekten Peter Pelikan wurde hier die **Markthalle Altenrhein** im typischen Hundertwasser-Stil errichtet – mit vergoldeten Zwiebeltürmchen, bunten Farben, geschwungenen Linien, asymmetrischen Fenstern und unebenen Böden. Das begehbare Dach ist begrünt.

Im Inneren beherbergt die Markthalle, die übrigens an einer Kreuzung der Durchfahrtsstraße aus Richtung Österreich kommend in ihrer Farbpracht kaum zu übersehen ist, ein Bistro, einen Kunstshop und eine Eventlocation. Im Bistro werden morgens ab 8 Uhr in schönem Ambiente Kaffee, Kuchen und Snacks serviert, im Kunstshop werden an Hundertwasser angelehnte Produkte und regionale Erzeugnisse verkauft, und in der Eventlocation kann man besondere Feste feiern. Durch den Kunstshop hat man Zugang zu einem Teil des begehbaren Daches.

Intensiv kennenlernen kann man dieses ganz besondere Bauwerk im Rahmen einer individuellen **Hausbesichtigung** (kostenpflichtig). Neben ungewöhnlichen, innenarchitektonischen Elementen werden Filmausschnitte, Fotos und Texte gezeigt, die die Baugeschichte der Markthalle dokumentieren, außerdem gibt es einen Kurzfilm zu Hundertwasser selbst. Noch detailliertere Hintergrundinformationen bietet eine **Kunstführung**. Diese dreht sich um Hundertwassers Werk, seine Architektur, sein ökologisches Engagement und einige seiner ausgestellten Werke. Die Führungen werden für Gruppen nach vorheriger Anmeldung angeboten.

BEI HÖHENANGST NICHT GEEIGNET

Absolut schwindelfrei sein sollte man bei dieser Attraktion im Appenzeller Vorderland. Denn die 180 Meter lange **Hängebrücke Grub** schwebt an ihrem höchsten Punkt 40 Meter über einer Schlucht. Das ist nicht jedermanns Sache! Die Brücke wurde im Frühjahr 2019 eingeweiht und überspannt den Mattenbach – damit verbindet sie die beiden Kantone Appenzell Ausserrhoden und St. Gallen miteinander. Mit einer Breite von nur 65 Zentimetern zählt sie zu den schmalsten Hängebrücken der Schweiz. Vom Hafen Rorschach aus ist dieser Nervenkitzel nur sechseinhalb Autokilometer entfernt. Das Wohnmobil kann man in Heiden auf der

▲ Steht dem Original in nichts nach: die Markthalle Altenrhein im Hundertwasser-Stil ◀ Hängebrücke Grub ▶ Im Mostereimuseum MoMö

Seeallee-Straße oder bei der Kirche parken. Zahlreiche Wanderungen integrieren die Brücke.

CHARMANTER FERIENORT

Zwischen Rorschach und Romanshorn (siehe Ziel 13) ist der Ferienort **Arbon** einen Ausflug wert. Dort befindet sich der unten beschriebene Campingplatz Buchhorn, der sich mit seiner Lage zwischen Rorschach und Romanshorn für beide Orte als guter Ausgangspunkt eignet.

Arbon besticht durch eine historische Altstadt, eine sehr schöne Seepromenade und viele Wander- und Radfahrmöglichkeiten. Außerdem können sich Gäste beim Wassersport austoben – ob Segeln, Kajakfahren oder einfach nur ein Besuch im Strandbad mit 10-Meter-Sprungturm und Riesenrutsche, das Element Wasser ist die Attraktion des Ortes.

Nicht nur bei schlechtem Wetter ist das neue **Mostereimuseum MoMö** ein ganz spezieller Tipp. Die Betreiberfamilie Möhl nimmt Besucher mit auf eine Entdeckungsreise rund um das Thema Apfel. Die Saftherstellung wird in einer erfrischend anderen Art in einem modernen Ambiente präsentiert und damit auch die Schweizer Mosterei- und Brennereitradition beleuchtet.

AUF EINEN BLICK

Info

STADT/REGION: Rorschach/Appenzellerland
BESTE REISEZEIT: April–Oktober
OPTIMALE REISEDAUER: 1–2 Tage
TOURISTINFO: Touristinformation Rorschach, Hauptstraße 56, CH-9401 Rorschach, Tel. +41 71 841 70 34, info@tourist-rorschach.ch, www.rorschach.ch/tourismus

SEHENSWÜRDIGKEITEN

BADHÜTTE RORSCHACH: Thurgauer Straße, CH-9400 Rorschach, Tel. +41 71 84 16 84, badhuette@gmail.com, www.badhuette.ch/badegast-sein
MUSEUM IM KORNHAUS (MIK): Hauptstraße 58, CH-9400 Rorschach, Tel. +41 71 841 40 62, info@museum-rorschach.ch, www.museum-rorschach.ch
WÜRTH HAUS RORSCHACH: Churerstraße 10, CH-9400 Rorschach, Tel. +41 71 225 10 45, rorschach@forum-wuerth.ch, www.forum-wuerth.ch
ZAHNRADBAHN RORSCHACH-HEIDEN: Bahnhof Heiden, CH-9410 Heiden, Tel. +41 71 891 18 52, info@appenzellerbahnen.ch, www.appenzellerbahnen.ch
SANDSKULPTUREN FESTIVAL VEREIN PABLO: Tel. +41 79 634 49 32, info@sandskulpturen.ch, www.sandskulpturen.ch

◀ Historisches Kornhaus am Hafen ▶ Kunst im Würth Haus

Im Kunstshop der Markthalle Altenrhein gibt es Hundertwasser-Produkte.

MARKTHALLE ALTENRHEIN: Knotternstraße 2, CH-9422 Staad, Tel. +41 79 506 47 35, info@markthalle-altenrhein.ch, www.markthalle-altenrhein.ch
HÄNGEBRÜCKE GRUB: Frauenrüti, CH-9035 Grub, www.sgkb.ch/150jahre/haengebruecke-grub
MOSTEREIMUSEUM MOMÖ: St. Gallerstraße 209, CH-9320 Arbon, Tel. +41 71 447 10 00, www.moehl.ch

CAMPING BUCHHORN ARBON

ADRESSE: Philosophenweg 17, CH-9320 Arbon, Tel. +41 71 44 46 65 45, info@camping-arbon.ch, camping-arbon.ch
ANFAHRT: Von Rorschach aus über die Thurgauerstraße/Route 13 in nordwestliche Richtung fahren, bis nach 8 Kilometern an einem Kreisverkehr die Rütistraße abzweigt (erste Ausfahrt). Gleich darauf links in die Industriestraße und rechts in die Strandbadstraße. Von dieser geht es rechts in den Philosophenweg, der Campingplatz folgt linkerhand.
GPS: 47.524670, 9.420611
Gute Ausgangslage nicht nur für die Erkundungen der Ziele in Rorschach und Heiden, sondern auch unmittelbar am idyllischen Strandbad (gratis für Campinggäste) Arbon, am Radweg Arbon-Romanshorn und nur fünf Minuten von der Bushaltestelle Arbon Seemoosriet entfernt, sodass man das Wohnmobil am Platz stehen lassen kann. Flaches Wiesengelände von schattenspendenden Bäumen umgeben und mit parzellierten Stellplätzen. Kleines Restaurant mit angemessenen Preisen. Familiär geführt, saubere Sanitäranlagen, Stellplätze fast direkt am Wasser.

HAFENORT MIT MITTELMEER-FLAIR

Romanshorn als Tor zur anderen Seeseite

Romanshorn verfügt über den nach Wasserfläche größten Hafen am Bodensee.

13

Gemessen an der Wasserfläche kann das einstige Fischerdorf Romanshorn den größten Hafen am Bodensee vorweisen. Mediterran präsentiert sich dieser Hafen mit einer Fährverbindung hinüber nach Friedrichshafen auf der anderen Seite des Bodensees. Ein Leuchtturm weist den ein- und ausfahrenden Fähren den Weg.

Neben dem sehenswerten Hafenbereich mit einem großen und einem originellen Museum und dem malerischen Leuchtturm gibt es ein Seebad mit Badestrand. Nicht nur Technikfreaks kommen in der autobau erlebniswelt oder im Eisenbahnmuseum Locorama auf ihre Kosten. In Romanshorn selbst gibt es keinen Campingplatz, aber der Camping Seehorn ist, nur etwa fünf Kilometer vom Hafen entfernt, ein guter Ausgangspunkt.

HAFENSTADT MIT 11 000 EINWOHNERN

Romanshorn trägt mit einem gewissen Stolz die Bezeichnung »Hafenstadt« im Namen. Am Hafen kreuzen sich auch alle Anfahrtswege: Übers Wasser kommen die Gäste mit der **Autofähre** von der anderen Bodenseeseite. Sie verkehrt ganzjährig im Stundentakt zwischen Friedrichshafen in Deutschland (siehe Ziel 8) und Romanshorn (Schweiz). Damit sparen Autofahrer eine Straßenstrecke von 70 Kilometern. Die Überfahrt mit tollen Ausblicken dauert eine Dreiviertelstunde. Und wer das Wohnmobil nicht huckepack mitnehmen möchte, kann die Fähre natürlich auch als Fußgänger oder Radfahrer nutzen. Eine Besonderheit ist auch die Anreise mit dem Zug – denn der Bahnhof von Romanshorn liegt direkt neben dem Hafen. Von hier aus verkehren Züge nach Rorschach und Kreuzlingen über die sogenannte Seelinie, eine Eisenbahnstrecke, die von Schaffhausen (Ziel 2) über Stein am Rhein (Ziel 3), Kreuzlingen (Ziel 14) beziehungsweise Konstanz (Ziel 5) und eben Romanshorn nach Rorschach (Ziel 12) führt. Außerdem gelangt man mit dem Zug nach Zürich und St. Gallen.

Tipp

Wer mit dem Zug anreist, kann direkt beim Bahnhof bei Rent a Bike Romanshorn ein Mietfahrrad leihen. Es stehen sowohl Fahrräder in allen Variationen (Citybike, Mountainbike, Tandem, Kinderfahrrad und Kinderanhänger) als auch E-Bikes zur Verfügung. Informationen erhält man bei Thurgau Tourismus.

◀ Ausstellung im Bodenseecontainer ▶ Skurriles in der autobau erlebniswelt

Und zu guter Letzt erreicht man Romanshorn natürlich auf dem Landweg. Auf dem ausreichend großen Parkplatz Hafen im nördlichen Bereich desselben kann man auch das Wohnmobil parken.
Direkt neben dem Parkplatz befindet sich das **Museum am Hafen**. Untergebracht im **Alten Zollhaus**, skizziert das Museum die Zeit von 1800, als Romanshorn noch ein Dorf war, bis zur Gegenwart. Dabei wird auch die Verkehrsentwicklung am und auf dem Bodensee beleuchtet.
Weiter schlendern wir am Hafen entlang und vorbei an einladenden Restaurants und Cafés mit Blick auf den Hafen. Die **Hafenpromenade** für sich ist schon ein Erlebnis. Ein türkisfarbener Container erregt unsere Aufmerksamkeit. Als Mini-Museum beinhaltet der ehemalige Frachtcontainer jetzt als **Bodenseecontainer** originell aufgemachte Infos über die Verkehrsgeschichte der Bodenseeregion. Über Gucklöcher kann man beispielsweise in den dreidimensionalen Bodensee-Leuchtkörper spicken. Ein Aufstieg auf das Containerdach beschert Rundumblicke. Das Mini-Museum ist kostenlos zugänglich.
Nun befinden wir uns auch schon am Fähranleger und erblicken an der Hafeneinfahrt den malerischen **Leuchtturm**. Hier zu stehen, den Leuchtturm zu bewundern und den an- und ablegenden Schiffen zuzusehen, hat etwas Entschleunigendes.
Schließlich kann man im Rahmen einer **Hafenrundfahrt** den größten Schweizer Bodenseehafen vom Wasser aus erleben. Ein Tourguide informiert die Fahrgäste über die befahrene Strecke. Die Rundfahrt dauert eineinhalb Stunden und startet bei der Bootsvermietung Fürst am Hafen beim Seepark. Informationen zur Rundfahrt erhält man bei Thurgau Tourismus.
Wer genug mediterrane Luft geschnuppert hat, kann nun noch eine Erfrischung im **Seebad** genießen. Bestehend aus einem 50-Meter-Sportbecken,

einem Kinderplanschbecken, einem Whirlpool und einem Erlebnisbecken mit Strömungskanal, einem Sprungturm und einer 100 Meter langen Wasserrutsche lässt die Seebadi keine Wünsche offen – zu Recht gilt sie als das abwechslungsreichste und flächenmäßig größte Schwimmbad am Bodensee. Zum Relaxen lädt eine große Grünfläche mit schattigen Plätzen unter Bäumen ein.

NICHT NUR FÜR TECHNIKFREAKS

Fahrzeuge aus dem nationalen und internationalen Rennsport und edle Sportwagen sind das Highlight des Museums **autobau erlebniswelt**. Schon allein das Ambiente, in dem die Ausstellung der Flitzer untergebracht ist, ist einen Ausflug wert – es handelt sich dabei um ein altes Tanklager, weswegen die Ausstellung auch »Erlebnis im Tank« heißt. »Staunen, Anfassen und unter die Haube Schauen« heißt die Devise, dabei gleitet der Blick über legendäre Sportwagen und weltberühmte Klassiker, aber auch über moderne Superflitzer und Profi-Rennautos. Der Schweizer Rennfahrer und Unternehmer Fredy Lienhard zeigt die Exponate in fünf Ausstellungshallen, daneben stehen Besuchern eine Autobibliothek, eine Bar und eine Smokers-Lounge zur Verfügung. Ein Erlebnis sind Fahrten in den Rennsimulatoren und Rennen auf der Außenstrecke des Museums. Hinweis: Regulär nur sonntags von 10 bis 17 Uhr geöffnet, von Anfang Juli bis Ende August täglich von 10 bis 17 Uhr.

Weniger rasant, aber dafür umso nostalgischer geht es zu im Eisenbahnmuseum **Locorama**. Von den ausgestellten Loks, Triebwagen und Waggons sind einige Raritäten, die einen unverwechselbaren Charme ausstrahlen. Man kann sie sowohl in einer Halle als auch auf einem Freigelände besichtigen, dort sieht man auch eine Drehscheibe und eine ehemalige Signalbrücke. Das nahe Stellwerk im Originalzustand ist fünf Gehminuten entfernt und ebenfalls einen Besuch wert. Höhepunkt ist sicherlich eine Fahrt im Simulator, wenn man selbst einmal Lokführer spielen darf. Parkplätze sind ausreichend vorhanden, und auch der Bahnhof Romanshorn ist im Rahmen eines kurzen Spazierganges erreichbar. In einem kleinen Bistro werden Mahlzeiten serviert. Kinder dürfen auf der kleinen Gartenbahn mitfahren. Hinweis: Auch die Eisenbahn-Erlebniswelt ist nur sonntags von 10 bis 17 Uhr von Mai bis Oktober geöffnet.

AUF EINEN BLICK

Info

STADT/REGION: Romanshorn/Thurgau
BESTE REISEZEIT: April–Oktober
OPTIMALE REISEDAUER: 1–2 Tage
TOURISTINFO: Thurgau Tourismus, Friedrichshafenerstraße 55a, CH-8590 Romanshorn, Tel. +41 71 531 01 31, info@thurgau-bodensee.ch, www.thurgau-bodensee.ch

SEHENSWÜRDIGKEITEN

BODENSEE-FÄHRE FRIEDRICHSHAFEN-ROMANSHORN: Bodensee-Schifffahrtsbetriebe GmbH, Hafenstraße 6, 78462 Konstanz, Tel. 07531/364 00, info@bsb.de, www.bsb.de
MUSEUM AM HAFEN: Hafenstraße 31, CH-8590 Romanshorn, Tel. +41 71 460 15 89, www.museumromanshorn.ch
BODENSEECONTAINER: Hafenpromenade, Bankstraße 10, CH-8590 Romanshorn
SEEBAD ROMANSHORN: Badstraße 50, CH-8590 Romanshorn, Tel. +41 58 346 84 20, seebad@romanshorn.ch
AUTOBAU ERLEBNISWELT: Egnacherweg 7, CH-8590 Romanshorn, Tel. +41 71 466 00 66, info@autobau.ch, www.autobau.ch
LOCORAMA: Egnacherweg 1, CH-5890 Romanshorn, Tel. +41 71 460 24 27, office@locorama.de, locorama.ch

Raritäten im Außenbereich des Eisenbahnmuseums Locorama

▲ Campingplatz Seehorn

▼ Fähre zwischen Romanshorn und Friedrichshafen

CAMPING SEEHORN

ADRESSE: Wiedehorn 3, CH-9322 Egnach, Tel. +41 71 477 10 06, info@seehorn.ch, www.seehorn.ch

ANFAHRT: Von Romanshorn über die Route 13 Richtung Rorschach fahren. An einem Parkplatz zweigt nach links die Straße Wiedehorn ab (Beschilderung Strandbad Wiedehorn).

GPS: 47.536592, 9.397818

Erst 2011 eröffneter, sehr empfehlenswerter Platz, nicht nur für Kurzurlauber. Am Bodensee gelegen (direkter Strandzugang) und neben dem Seebad Wiedehorn. Großzügige Stellplätze mit Wasser- und Stromanschlüssen sowie moderne Sanitäranlagen, Gastronomie und ein Campingshop am Platz. Grillstellen mit überdachten Sitzplätzen, Waschmaschine, Trockner und Bügeleinrichtung vorhanden. Gebührenpflichtiges WLAN auf dem gesamten Gelände verfügbar. Wer das Wohnmobil stehen lassen will, kann am Platz ein Auto leihen.

IM HERZEN DES KANTONS THURGAU

Kreuzlingen als grösste Schweizer Stadt am See

Traumhaft schön liegt das Schloss Salenstein eingebettet in die Weinberge.

14

Kreuzlingen ist nicht nur die größte Schweizer Stadt am Bodensee, sondern bezeichnet auch die Region zwischen Seerücken und Bodensee. Die Nähe zu Deutschland und der fast nahtlose Übergang nach Konstanz (Ziel 5) machen Kreuzlingen zu einem besonders guten Ausgangspunkt für Aktivitäten am Schweizer Bodenseeufer.

Und als gäbe es in Kreuzlingen mit seiner guten Lage, dem Strandbad, einem Planetarium und vielen Wasseraktivitäten nicht genug Attraktionen, lädt auch die Region zu Entdeckungen ein: Es gibt Burgen, Museen und eine Kapelle zu besichtigen, und was das Wandern anbelangt, hat man die Qual der Wahl zwischen einem Kulturpfad und einem Apfelweg. Was braucht es mehr für einen gerne auch mal längeren Aufenthalt?

MEHR ALS EINE GRENZSTADT

Ja, Konstanz mit den attraktiven Zielen wie die Insel Mainau und die charmante Altstadt ist nur einen Steinwurf weit entfernt. Aber dennoch sollte man auch für die Schweizer Seite jenseits der Grenze genug Zeit einplanen, denn es gibt einiges zu tun.

Allerdings ist hier auch bereits die erste Attraktion zu finden: Gleich neben dem **Hafen** von Kreuzlingen (mit Schiffsverbindungen über den ganzen See bis nach Schaffhausen in die eine und Bregenz in die andere Richtung) kann man die weltweit erste **Kunstgrenze** zwischen Deutschland und der Schweiz bewundern. Sie besteht aus 22 Skulpturen und ersetzt einen Grenzzaun. Die Skulpturen des Konstanzer Künstlers Johannes Dörflinger verteilen sich auf dem Gelände Klein Venedig und stellen Trümpfe des Tarots dar, außerdem Motive wie Magier, Liebe, Glücksrad, weibliche und männliche Kraft sowie Tod und Wiedergeburt. Sie sind acht Meter hoch und aufgrund ihrer roten Lackierung weithin sichtbar. In der Nacht werden sie beleuchtet.

Bleiben wir am Wasser und am Hafen. Auf dessen anderer Seite kann man im 2,5 Kilometer langen und direkt am Bodenseeufer entlangführenden **Seeburgpark** die Seele baumeln lassen. Er ist der Mittelpunkt der **Seeuferanlagen** mit alten Baumbeständen, naturbelassenen Flächen, einem aussichtsreichen Seeufer, Spielemöglichkeiten für alle Altersstufen, einem Tierpark mit Aussichtsturm, einem Heil- und Kräutergarten, Rosenrabatten, dem Schloss Seeburg, dem Seemuseum und Gastronomie.

Neben feinem Essen genießt man im Restaurant Schloss Seeburg den Ausblick.

Tipp

Das herrschaftliche Schloss Seeburg beherbergt ein Restaurant, das neben hervorragendem Essen einen traumhaften Blick auf den Bodensee bietet. Mitten im Seeburgpark gelegen und im Sommer außen bestuhlt. Sehr romantisch! Die Adresse ist: Seeweg 5, CH-8280 Kreuzlingen, Tel. +41 71 688 40 40, schloss-seeburg.ch.

Das außerdem in der Parkanlage befindliche **See-Burgtheater** ist eine Seebühne direkt am See. Bei nicht zu übertreffender Kulisse gibt es tolle Aufführungen mit ausgefallenen Bühnenbildern zu sehen. Renommierte Stücke wie *Arsen und Spitzenhäubchen* (2019) und *Was ihr wollt* (2020) stehen für ein qualitativ hochwertiges Freilicht-Theaterprogramm.

Noch mehr Kultur gibt's im **Seemuseum**, dort wird über Geschichte und Gegenwart von Schifffahrt und Fischerei informiert. Die Ausstellung ist ebenfalls Bestandteil des Seeburgparks und ist in den historischen Räumen eines ehemaligen Kornhauses untergebracht.

Wir umrunden den **Jachthafen** Kreuzlingen, bleiben aber immer noch am Wasser und tauchen im **Schwimmbad Hörnli** ins kühle Nass ein. Das Spaßbad mit Seeanschluss verfügt über mehrere Becken, einen Sprudelkanal sowie Sprungtürme und zwei große Rutschen. Entspannung findet man auf der weitläufigen Liegewiese, und sportlich kann man sich beim Fußballspiel oder beim Beachvolleyball austoben. Ein Kiosk verpflegt hungrige Badegäste.

14

Naturnah und ohne den Trubel eines Freibades lässt es sich in den beiden Strandbädern in Tägerwilen-Gottlieben in die Fluten stürzen. Das **Schwimmbad Zellersguet** bietet ein erfrischendes Bad im Seerhein, der an dieser Stelle sehr ruhig ist. Dazu gehören eine Liegewiese mit Schattenplätzen unter Bäumen sowie diverse Freizeitangebote. Ein Kiosk ist ebenso vorhanden wie zwei öffentliche Grillstellen, die man reservieren kann. Das **Seerhein-Strandbad Kuhhorn** ist eine sehr beliebte und darüber hinaus frei zugängliche Badestelle ebenfalls direkt am Seerhein. Ein Badefloß und ein Sprungturm im See sorgen für Badespaß.
Aber auch wer es nicht so mit dem Wasser hat, findet mannigfaltige Aktivitäten in Kreuzlingen. Hier gibt es beispielsweise ein **Planetarium**, seines Zeichens das erste in der Bodenseeregion. Weithin sichtbar ist dessen Kuppel mit dem Sternenprojektor, der rund 7000 Sterne an den Planetariumshimmel zaubert. Auf die gesamte Kuppelfläche werden außerdem Filme projiziert.

Tipp

Wer mit Kindern reist, hat längst auf zahlreichen Werbeplakaten gesehen, wo es Fahrattraktionen, Shows und hautnahen Kontakt mit Tieren gibt: im Connyland, einem Freizeitpark 10 Kilometer südwestlich von Kreuzlingen. Einen Tag Spaß für die ganze Familie ist damit garantiert – mit rasanten Achterbahnen und Seelöwen-Begegnung, Wasserspielplatz und Papageien-Show. Hunde an der Leine sind erlaubt. Infos unter connyland.ch.

◀ Theaterbühne im Seeburgpark ▶ Schwimmbad Zellersguet

14

SCHÖNE GEMÄUER IM UMLAND

Ein bisschen geht es nun vom Wasser weg, dennoch bleibt der nahe Bodensee präsent bei den folgenden Ausflugszielen, die sich in unmittelbarer Umgebung von Kreuzlingen befinden. Los geht's mit dem **Schloss Arenenberg**, das auch das **Napoleonmuseum Thurgau** beherbergt. Es ist ein geschichtsträchtiger Ort, denn hier zog die Stieftochter Napoleons, Hortense de Beauharnais, Anfang des 19. Jahrhunderts im Exil ihren Sohn Louis Napoléon zum Kaiser groß (tatsächlich war er als Napoleon III. der letzte Kaiser Frankreichs). Aus dieser Zeit ist alles original erhalten, sodass man im Rahmen einer Führung den Charme und Geist des Ortes noch hautnah spüren kann – in den edlen Salons der Bonapartes mit prunkvollem Empire und ansprechendem Biedermeier. Zur ausgestellten Sammlung gehören Möbel, Geschirr, Gemälde, Bücher und vieles mehr.
Das Napoleonmuseum ist das einzige deutschsprachige Museum zur napoleonischen Geschichte. Für Gruppen werden sowohl Führungen als auch Workshops angeboten, ansonsten runden jährliche Sonderausstellungen das Museumsangebot ab.
Zum Anwesen gehört ein **Aussichtspunkt** auf den Bodensee, es ist einer der schönsten Blicke überhaupt. Auch die Insel Reichenau im Untersee ist mit auf dem Bild. Auf einer Bank neben einer kleinen Kapelle lässt sich die romantische Stimmung besonders schön genießen. Ein wunderbarer Ort vor allem zum Sonnenuntergang!

Herrlich lässt es sich in der prächtigen Arenenberger Gartenwelt lustwandeln.

Originale Relikte aus Napoleons Zeiten im Museum des Schlosses Arenenberg

Außerdem umgibt die wundervoll angelegte, frei zugängliche Parkanlage **Arenenberger Gartenwelt** das Schloss. Sie ist nicht nur schön anzusehen und es lässt sich nicht nur herrlich darin flanieren – sie hat auch eine lange Tradition: Im Mittelalter von Thurgauer und Konstanzer Patrizier als Lustgarten angelegt, wurde die Anlage in der Renaissance erweitert und im 19. Jahrhundert zu einem weitläufigen Landschaftspark rund um das Schlossgut ausgebaut.

Nur einen Katzensprung entfernt (man könnte das Wohnmobil auf dem Parkplatz von Schloss Arenenberg stehen lassen und einen kurzen Spaziergang durch die Weinberge unternehmen), befindet sich das **Schloss Salenstein**. Es ist eher eine Burg, die da geheimnisvoll auf einem Hügel inmitten der Weinberge thront. Sie ist aktuell unbewohnt, was ihren mystischen Charme ausmacht. Das Schloss stammt aus dem 11. Jahrhundert und wechselte in den folgenden 700 Jahren nicht nur oft den Besitzer, sondern wurde auch mehrfach aus- und umgebaut.

Neben den beiden Schlössern westlich von Kreuzlingen gibt es gen Osten ein weiteres empfehlenswertes Ziel von diesem Standort aus: die kleine **St.-Leonhards-Kapelle** in der Ortschaft Landschlacht. Sie ist eine der ältesten Kapellen im Bodenseeraum mit Wandmalereien aus den unterschiedlichsten Epochen. Ein Teil der Kapelle ist gotisch und stammt aus dem 14. Jahrhundert. Der andere Teil ist romanisch und aus grobem Felsgestein erbaut. Das karge Gemäuer steht stolz auf einer Wiese am Rande eines Wohngebietes und strahlt eine raue und zugleich freundliche Stimmung aus. Auf der Wiese kann man wunderbar ein Picknick machen.

▲ Aus verschiedenen Epochen stammt die St.-Leonhards-Kapelle in Landschlacht.
◀ Kapelle des Schlosses Arenenberg ▶ Kreuzlinger Seeburgpark

DIE KLEINE, FEINE KAPELLE ist unter anderem ein Wegpunkt auf der empfehlenswerten Wanderung Kulturpfad Münsterlingen. Mit Start am Bahnhof von Münsterlingen Spital passiert der Themenweg 22 Standorte mit historischer Bedeutung, zum Beispiel den Spitalcampus mit Klosterkirche und eben die St.-Leonhards-Kapelle mit ihren Wandmalereien. Informationstafeln berichten über Besonderheiten. Die Strecke ist insgesamt 7,8 Kilometer lang und kann in zwei Stunden bewältigt werden. Weitere Informationen erhält man bei Kreuzlingen Tourismus unter der Telefonnummer +41 71 672 38 40.

AUF EINEN BLICK

Info

STADT/REGION: Kreuzlingen/Thurgau
BESTE REISEZEIT: Mai–September
OPTIMALE REISEDAUER: 2–3 Tage
TOURISTINFO: Touristinformation Kreuzlingen, Sonnenstraße 4, CH-8280 Kreuzlingen, Tel. +41 71 672 38 40, info@kreuzlingen-tourismus.ch, www.kreuzlingen-tourismus.ch

SEHENSWÜRDIGKEITEN

KUNSTGRENZE KONSTANZ-KREUZLINGEN: Klein Venedig, 78462 Konstanz
SEE-BURGTHEATER: Weinfelderstraße 127, CH-8280 Kreuzlingen, Tel. +41 71 670 14 00, info@see-burgtheater.ch, www.see-burgtheater.ch
SEEMUSEUM KREUZLINGEN: Seeweg 3, CH-8280 Kreuzlingen, Tel. +41 71 688 52 42, info@seemuseum.ch, www.seemuseum.ch
SCHWIMMBAD HÖRNLI: Schwimmbadstraße 2, CH-8280 Kreuzlingen, Tel. +41 71 688 18 58, info@schwimmbadhoernli.ch, www.schwimmbadhoernli.ch
SCHWIMMBAD ZELLERSGUET: Badistraße 50, CH-8274 Tägerwilen, Tel. +41 71 669 33 66
SEERHEIN-STRANDBAD KUHHORN: Konstanzerstraße, CH-8274 Tägerwilen, Tel. +41 79 172 74 74

◀ Die Kunstgrenze besteht aus knalligen Skulpturen. ▶ Schloss Seeburg

AUF EINEN BLICK

BODENSEE PLANETARIUM UND STERNWARTE:
Breitenrainstraße 21, CH-8280 Kreuzlingen, Tel. +41 71 677 38 00, hallo@bodensee-planetarium.ch, www.bodensee-planetarium.ch
SCHLOSS ARENENBERG/NAPOLEONMUSEUM THURGAU:
Schloss und Park Arenenberg, CH-8268 Salenstein, Tel. +41 58 345 74 10, info@arenenberg.ch, napoleonmuseum@tg.ch, www.arenenberg.ch, www.napoleonmuseum.ch
SCHLOSS SALENSTEIN: Baschenweg 6, CH-8268 Salenstein
ST.-LEONHARDS-KAPELLE: Im Chelhof 5, CH-8597 Landschlacht

CAMPING FISCHERHAUS

ADRESSE: Promenadenstraße 52, CH-8280 Kreuzlingen, Tel. +41 71 688 49 03, info@camping-fischerhaus.ch, www.camping-fischerhaus.ch
ANFAHRT: Vom Zentrum Konstanz über die Route 13 in südöstliche Richtung fahren. Am Kreisverkehr die 3. Ausfahrt nehmen auf die Bleichestraße, dieser folgen, sie führt direkt auf den Campingplatz zu.
GPS: 47.647332, 9.199038
Direkt am Seeufer gelegen mit Touristenzimmer, Spielplatz, Anlegestelle der Solarfähre, Restaurant mit riesigem Biergarten inklusive herrlichem Seeblick und vielen schönen Spazierwegen sowie dem Freibad Hörnli nebenan (Eintritt für Campinggäste gratis). Frühstück ist erhältlich. Moderne sanitäre Anlagen mit Schlüsselkarte. Waschmaschine und Trockner, Ver- und Entsorgung sowie ein Shop vorhanden. Viele Dauercamper, aber Touristenstellplätze nahe am Wasser. Hunde sind auf dem Platz nicht erlaubt.

Tipp

Direkt neben dem Campingplatz kann man bei Lohr Wassersport surfen lernen, Pedalos und Standup-Paddleboards ausleihen sowie sich beim Wakeboarden, Wakesurfen oder Wasserski probieren. Informationen unter www.lohrsport.ch oder Telefon +41 79 405 82 15.

◀ Schloss Arenenberg an einem der schönsten Aussichtpunkte des Bodensees
▲ Camping Fischerhaus ▼ Blick vom Campingplatz auf Konstanz

CAMPING OASE

ADRESSE: Hauptstraße 12, CH-8274 Tägerwilen, Tel. +41 71 669 17 17, info@camping-oase.ch, www.camping-oase.ch
ANFAHRT: Vom Zentrum Konstanz über die Route 13 in nordwestliche Richtung fahren. Am Kreisverkehr weiter über die Route 13, der Stellplatz folgt gleich linkerhand (Industriegebiet).
GPS: 47.658504, 9.123216
Gut gelegener, empfehlenswerter Wohnmobilstellplatz für die Ziele westlich des Zentrums von Kreuzlingen. Ausgewiesener Platz für 10 Mobile am Ortsrand von Tägerwilen an einem Gasthaus (sehr gutes Essen), befestigt und mit Rasenflächen und Abtrennung durch Sträucher – für einen Stellplatz viel Grün! Auch für größere Wohnmobile geeignet. In der Nähe des Strandbades Tägerwilen, der Bodensee ist etwas mehr als 5 Fahrradminuten entfernt. Strom, Wasser, Ver- und Entsorgung vorhanden, außerdem saubere Duschen und WC. Hunde erlaubt (das ist in der Schweiz nicht selbstverständlich). Nette Betreiber. ÖPNV-Haltestelle in der Nähe, guter Anschluss nach Kreuzlingen und Konstanz.

ORTS- UND SACHREGISTER

WOHNMOBILSTELLPLÄTZE

CAMPINGPLÄTZE

TOURISTENINFORMATION

IMPRESSUM

Verantwortlich: Kerstin Thiele
Redaktion und Lektorat: Daniela Hansjakob
Layout- und Umschlaggestaltung:
Helene Schumacher
Satz: Silke Schüler
Repro: LUDWIG:media
Kartografie: Huber Kartografie
Herstellung: Anna Katavic
Printed in Slovenia by Florjancic

Unser komplettes Programm
finden Sie unter

www.bruckmann.de

★★★★★

Sind Sie mit diesem Titel zufrieden? Dann würden wir uns über Ihre Weiterempfehlung freuen. Erzählen Sie es im Freundeskreis, berichten Sie Ihrem Buchhändler, oder bewerten Sie beim Onlinekauf. Und wenn Sie Kritik, Korrekturen, Aktualisierungen haben, freuen wir uns über Ihre Nachricht an Bruckmann Verlag, Postfach 40 02 09, D-80702 München oder per E-Mail an lektorat@verlagshaus.de.

In diesem Buch wird aus Gründen der besseren Lesbarkeit das generische Maskulinum verwendet. Weibliche und anderweitige Geschlechteridentitäten werden dabei ausdrücklich mitgemeint, so weit es für die Aussage erforderlich ist.

Bildnachweis: Alle Bilder im Innenteil und auf der Umschlagrückseite stammen von der Autorin, S. 6, 9 re. und li., 12 li., 13, 54 re. o. und u., 73 re., 74, 76, 78, 85 o., 86: Thomas Hansen; 28 und 32: Schaffhauserland Tourismus/Bruno Sternegg; 54 li.: und 60: Achim Mende, 70 Überlingen Marketing und Tourismus GmbH; 81 Monika Kaspar; 82 und 85 u.: Burga Klatte; 109 und 111 re.: David Knipping; 112 re. und li., 115 re. und S. 114 re. und li.: Viktoria Landwehr; 117: Bregenzer Festspiele; 119 o. und 121 re.: Anette Rahn; 119 u. li. Vorarlberg Tourismus/Marco Mathis; 119 u. re.: Vorarlberg Tourismus/ Markus Tretter; 121: Vorarlberg Tourismus/Popp Hackner; 122: Vincent Grenier; 120, 125 re. und li. und 127 re.: visitbregenz; 131 li.: Vorarlberg Tourismus/Agnes Ammann; 134 und 139 o.: Roland Gerth; 136 li. und re., 140 li.: Mathhias Nutt; 139 u. li.: Beat Belser; 137: Sandskulpturenfestival Rorschach; 151 u. li.: Gaccioli; 152: Napoleonmuseum Thurgau; 153: Helmuth Scham; Illustrationen: Shutterstock/Tiwat K: passim.

Umschlagvorderseite: Insel Werd im westlichen Teil vom Untersee des Bodensees
Umschlagrückseite: Stellplatz am See in Bodnam

Die Deutsche Nationalbibliothek verzeichnet diese Publikation in der Deutschen Nationalbibliografie; detaillierte bibliografische Daten sind im Internet über http://dnb.d-nb.de abrufbar.

2. aktualisierte Neuauflage

ISBN 978-3-7343-1683-8